南亚区域合作研究
基于国家身份认知理论

邱实·著

时事出版社
北京

图书在版编目（CIP）数据

南亚区域合作研究：基于国家身份认知理论／邱实著. -- 北京：时事出版社，2024.9. -- ISBN 978-7-5195-0630-8

Ⅰ．F125.533.7；F133.505.4

中国国家版本馆 CIP 数据核字第 2024AX7566 号

出 版 发 行：时事出版社
地　　　　址：北京市海淀区彰化路 138 号西荣阁 B 座 G2 层
邮　　　　编：100097
发 行 热 线：(010) 88869831　88869832
传　　　　真：(010) 88869875
电 子 邮 箱：shishichubanshe@sina.com
印　　　　刷：北京良义印刷科技有限公司

开本：787×1092　1/16　印张：10.75　字数：135 千字
2024 年 9 月第 1 版　2024 年 9 月第 1 次印刷
定价：80.00 元

（如有印装质量问题，请与本社发行部联系调换）

目录

导　言 …………………………………………………………（1）

第一章　区域主义的理论探索
第一节　关于区域的相关概念 ………………………………（20）
第二节　区域主义理论的演进 ………………………………（25）
第三节　南亚区域主义的产生 ………………………………（29）

第二章　构建新框架：不对称区域权力结构下的国家身份认知
第一节　不对称理论概述 ……………………………………（39）
第二节　国家身份认知与对外行为 …………………………（42）
第三节　印度国家身份与南亚国家认知 ……………………（51）

第三章　南亚区域合作的历史演进
第一节　南亚区域合作发展阶段 ……………………………（58）
第二节　南亚区域合作联盟建制 ……………………………（65）
第三节　南亚区域合作总体成效 ……………………………（70）

第四章　南亚区域合作的影响因素
第一节　南亚国家间的不对称关系 …………………………（76）
第二节　制度供给与制度化联系程度 ………………………（89）
第三节　合作意识与信任基础 ………………………………（91）

第五章　国家身份认知影响下的南亚区域合作组织
第一节　南盟的曲折之路 ……………………………………（94）
第二节　充满活力的环孟加拉湾多领域技术经济合作
　　　　倡议 …………………………………………………（97）
第三节　区域合作组织中国家主导力的生成模型 ………（102）
第四节　南亚区域合作组织中印度的主导性影响 ………（107）

第六章　南亚区域合作展望
第一节　南亚区域合作发展趋势 …………………………（115）
第二节　中国与南亚区域合作态势 ………………………（123）
第三节　共建"一带一路"与南亚区域合作 ……………（135）

结　语 ………………………………………………………（142）

参考文献 ……………………………………………………（147）

导　　言

　　区域一体化是全球化背景下地区发展的重要趋势。南亚是世界上少数几个区域一体化程度较低的地区之一，其根源在于南亚区域合作发展中难以消解的障碍与问题。本书认为，南亚不对称区域权力结构和印度在南亚地区的国家身份是观察南亚区域合作中问题的关键因素。

　　作为南亚地区的大国，印度无论是在国家人口、领土面积、宗教影响，还是在以经济、军事、能源等为代表的国家实力上都占据绝对优势，使其获得在南亚的中心地位以及相应的国家身份。在此地区背景下，加之内嵌于印度国家基因中的"印度中心观"，使得南亚国家间的交往几乎是以印度为主导和核心而展开的，长此以往逐渐形塑了以印度为中心的不对称的南亚国家间关系，建构着南亚不对称区域权力结构。这种不对称区域权力结构会使南亚国家间的关系出现矛盾与失衡，引发区域强国印度与南亚其他国家之间的不对等关注。不对等关注的内容与对象来源于行为体的国家身份，对国家身份的认知则是形成不对等关注的关键动作。在不对称权力结构关系中，行为体通过对彼此国家身份的认知，一方面使弱国感知到国家间实力差距带来的威慑力，而过度关注强国的国家行为；另一方面使强国趋于加强权力护持，而忽视弱国的国家利益，由此形成不对等关注。由于南亚一些国家都有过被印度干涉的历史记忆，它们往往过度关注和担心印度地区国家身份下的对外行为，而印度执着于其国家实力与地区身份的固持，常常忽视南亚其他国家的利益诉求。在国家身份认知不断刷新与形成中，印度与南亚其他国家间的不对等关注也随之扩大，深刻影响着南亚区域合作的安全基础。一方面，印度忽视南亚其他国家利益而引发其不满情绪，导致南亚地区安全问题凸显；另一方面，南亚其他国家畏惧印度国家身份而被迫依赖印度以求发展，造成南亚各国安全需求不对称。双重压力下出现的南亚地区安全困境对南亚区域合作产生着根本影响。

对于南亚来讲，印度的国家身份是影响南亚国家对外行为的重要因素。国家身份作为影响国家行为的背景性因素，其对于国家的对外行为具有驱动作用。身份认知与对外行为之间的作用机理在于国家身份对国家对外行为的内在驱动。在南亚，印度的国家身份不仅对印度本身的国家行为产生着驱动作用，同时也影响着南亚其他国家的对外行为。由于区域合作是区域内国家对外行为集体作用的结果，因此，本书试图从影响国家对外行为的背景因素——国家身份入手，结合南亚地区特殊的地区权力结构，并从印度在南亚的身份地位出发，以国家身份认知为视角，分析南亚各国在区域合作上的国家行为与决策，探讨南亚区域合作发展中的阻力与问题。

一、研究问题与意义

本书研究的核心问题是在南亚不对称区域权力结构下，南亚各国包括印度在内对印度国家身份的认知如何影响南亚区域合作的发展进程。

(一) 研究背景

冷战结束以后，世界区域开始新一轮整合。区域主义再次兴起，以经济维度的合作先行带动其他维度的深化合作是新区域主义发展的主要特点。然而，区别于其他地区发展区域主义的合作动机，南亚区域主义发展的原始动力来自于南亚其他国家的安全关切，这主要是由南亚不对称区域权力结构所决定的。

在这种结构下，南亚地区内部形成了两种国家身份之间的力量博弈——区域强国印度与南亚其他国家。为了制衡印度国家身份下的地区强权，南亚其他国家联合将印度拉到同一个合作机制当中，以约束印度的地区国家身份。南亚区域合作联盟（以下简称"南盟"）便由此建立。对于成立南盟，印度已经意识到南亚其他国家的原始动机，起初态度十分冷淡，但基于国家发展的利益考量，印度需要改善与南亚邻国的关系以维护良好的国家周边环境。于是，印度转变态度积极参与到南盟的建设之中。然而以制约为目的的合作必然会导致组织内成员力量的对立与分散。在南盟组织框架下，印度的地区国家身份不仅没有被制约，反而成为南盟脆弱性和风险性的根源。而在组织框架外，印度的国家身份则成为印度与南亚其他国家间问题与矛盾的主要症结。

印巴矛盾是南亚地区突出的国家间矛盾，它关系着南亚地区的和平与稳定，是影响南亚区域合作的主要障碍。印巴矛盾是英国殖民主义在南亚留下的"遗产"，两国在民族、宗教以及克什米尔地区等问题上存在争端。导致印巴长期处于冲突与对峙的状态，从身份认知的角度看，原因在于印度与巴基斯坦对彼此的国家身份形成了不对等关注,产生了错误的国家身份认知,印度对巴基斯坦国家身份与利益的忽视,引发了巴基斯坦对印度地区强权的不满情绪,而巴基斯坦对自身形成的南亚第二大国家和拥核国家的国家身份认知,驱使其做出抗衡印度的国家行为。这种错误的国家身份认知使印巴两国矛盾冲突不断,导致南亚地区始终难以冲破安全困境,进而直接影响南亚达成有效的区域合作。

  印度加入南盟以后,其地区国家身份非但没有被有效约束,反而在机制框架内形成了新的主导力。南盟实际上成为南亚不对称区域权力结构分布的缩影,印度的地区国家身份继续发挥效用,确保其中心地位的巩固。因"印度一贯坚持南盟的议程不能包括政治争端,该组织必须把重点放在经济和社会合作上"[1],为此,在《南亚区域合作联盟宪章》(以下简称《南盟宪章》)中列入了"不审议双边和有争议的问题"的规定。[2] 这从根本上打消了南亚其他国家试图在南盟机制下解决与印度间长期存在的双边问题的念头。"南亚邻国坚持将与印度的所有双边争端都列入南亚区域合作联盟讨论议程的做法是陷入区域主义陷阱逻辑的明显体现。"[3] 只有当印度在地区国家身份影响下形成新的主导力作用时,南盟在解决国家间矛盾和冲突上的功能才能得到发挥。例如,1992年

---

[1] Rajesh Basrur, "India: A Major Power in the Making", in Thomas J. Volgy, Renato Corbetta, Keith A. Grant and Ryan G. Baird, eds., "Major Powers and the Quest for Status in International Politics", New York: Palgrave Macmillan, 2011, p. 187.

[2] "Charter of the South Asian Association for Regional Cooperation", Asian Legal Information Institute, http://www.asianlii.org/saarc/other/agrmt/cotsaafrc575/.

[3] Kishore C. Dash, "Regionalism in South Asia Negotiating Cooperation, Institutional Structures", London and New York: Routledge, 2008, p. 117.

印度在南盟框架下与巴基斯坦举行的非正式对话缓和了克什米尔地区的紧张局势。南盟从某种程度上成为印度实现国家目标和满足国家利益的平台和工具。这样的规定使南盟出现了"先天不足"的制度缺陷，也成为南盟框架下区域合作难以推进的又一个主要障碍。印度与南亚其他国家间的矛盾与问题破坏了南盟发展的政治基础。

在南盟成立以后，印度在地区国家身份驱动下继续对南亚其他国家事务进行干涉的行为进一步破坏了南盟合作的安全基础。地区国家身份上的不对称使印度忽视了南亚其他国家对于安全的真实需求。当安全目标难以通过南盟得到实现时，南亚其他国家便开始寻求域外力量的帮助与联合，以确保自身国家安全。这从根本上瓦解着南盟合作的内在动力。

印度过度关注于自身地区国家身份的巩固，忽视南亚其他国家的利益诉求，南亚其他国家产生不满情绪，对印度的地区身份缺少认同，导致南亚地区安全困境更加凸显，影响南亚区域合作的推进。"南亚弥漫着一种互不信任和猜疑的气氛，使区域主义的目标难以实现。"[①] 同时，印度因专注于地区国家身份的维护，促使其在区域外寻求国家身份的影响与认同，将注意力投放在同东亚、东南亚、中亚、西亚以及非洲等地区的区域间合作安排上，而忽视了南亚内部的区域一体化合作。印度对南盟框架下的区域合作缺乏热情与动力，其作为南亚区域强国的主导性作用发挥不足制约着南盟发展，进而阻碍南亚形成有效的区域合作。

古老的南亚充满着无限生命力，但错综复杂的地区问题使其

---

① Kishore C. Dash, "Regionalism in South Asia Negotiating Cooperation, Institutional Structures", London and New York: Routledge, 2008, p.126.

始终落后于世界大部分地区。恐怖主义、贫困、核扩散以及克什米尔问题等都是导致南亚地区发展落后的根源性障碍。这些问题的解决需要时间，同时也需要南亚国家的集体力量与智慧。区域主义的兴起为区域问题的治理提供了有效路径，区域整合是世界范围内的区块变动，世界的联动性使区域一体化产生了强大动力。然而，在内在需求动力和外部联动拉力的双重作用下，南亚仍徘徊在世界区域一体化强劲发展趋势之外，南亚区域合作程度至今仍处于较低水平，这一国际关系现象是引发本书思考的主要困惑。南盟作为南亚区域主义的具体实践，为什么会在南亚实现区域一体化进程中出现功能失调？印度其国家身份在南亚国家的交往与互动中产生了何种影响以及如何产生作用？南盟作为南亚区域主义实践的重要平台，为什么难以对南亚区域合作产生有效推动？通过上述分析，本书认为，在南亚不对称区域权力结构下，印度地区国家身份是导致南亚区域合作出现障碍的深刻背景性因素，南亚各国包括印度自身在内对印度国家身份的认知状态对南亚区域合作产生着深刻影响。因此，本书以权力结构的不对称性与印度的地区国家身份为自变量，观察南亚各国包括印度自身在内对印度国家身份的认知是如何影响南亚区域合作发展进程的。

（二）研究意义

南亚地区存在的诸多现象和问题是现实主义、自由主义和建构主义等国际关系主流学派重点关注的研究对象。现实主义关注南亚地区的冲突与矛盾，自由主义关注南亚地区的和平与合作，建构主义关注南亚国家的地区认同与文化建构。从现实主义角度看，南亚不对称区域权力结构是南亚霸权主义产生的根源，是破坏南亚地区合作与影响地区稳定的主要原因。从自由主义观点看，南亚地区存在合作的潜力，建立有效的制度机制是促进南亚区域一体化发展的必由之路。而建构主义则认为，增强南亚国家的地区身份认同，扩大共有知识的建构，是消解南亚国家间误解与增加彼此互信的关键所在。本书尝试以不对称权力结构下的国家身份认知理论分析南亚区域合作中的问题，其研究意义体现在以下方面。

在学术意义上，南亚地区相对于世界上其他地区的合作水平相对较低，这不仅成为推动区域一体化的重大障碍，而且也是学界历来关注的议题之一。本书通过构建不对称区域权力结构下的国家身份认知理论框架，对南亚区域合作的成效和障碍问题进行评估与分析，提出南亚各国包括印度在内对印度国家身份的认知是影响南亚区域合作发展的关键变量。本书选择一个早已被学界关注的问题，但从身份认知的角度为这一问题的解答提供一个新视角，因此具有一定学术意义。

在理论意义上，本书取用建构主义的国家身份及认知概念，同时结合现实主义的实力论，理论上将建构主义与现实主义相结合，并根据南亚地区的权力结构特点，构建出不对称区域权力结构下的国家身份认知理论框架。这种结合研究对象而进行的理论构建具有一定理论创新意义。

在现实意义上，南亚的区域一体化程度对中国地区主义研究具有重要意义，南亚区域合作的发展直接影响着中国与南亚的跨区域合作以及与南亚国家间关系的发展。研究这一问题有助于为改善中国与南亚区域间合作的现状提供可鉴思路，具有一定的现实意义。

南亚区域合作是南亚区域主义的重要内容。南亚不对称区域权力结构将南亚国家划分为两种国家身份间的力量博弈。印度的地区强权决定了南亚不对称区域权力结构将成为一种常态，南亚其他国家则希望借助南亚区域主义的力量打破这种不平衡。区域权力结构的不对称性导致印度与南亚其他国家对于彼此的国家身份认知和定位都存在失误与偏差。区域强国印度对南亚其他国家在国家身份与利益上的忽视会引发对方的不满情绪和怀疑心理，进而造成国家间误解，不利于合作的实现。而南亚其他国家对印度国家身份的过度认知与关注则会容易引发其对印度地区强权的畏惧，造成安全需求不对称，影响南亚区域合作的安全基础。由于区域合作是国家行为共同作用的集体结果，因此，本书尝试从国家身份认知的角度分析南亚国家的对外行为与决策，结合南亚不对称区域权力结构，剖析南亚各国的国家身份认知对南亚区域合作发展进程的影响作用。

二、相关文献评述

笔者梳理了关于南亚区域主义与南盟的研究现状与观点。区域主义研究是国际关系学界近年来研究的热门领域。在回顾南亚区域主义文献时发现，南亚区域主义发展缓慢，区域一体化水平较低，且南亚与中国的区域间合作薄弱，使得国内学者对南亚区域主义的研究兴趣与热情相对低于其他地区的区域主义研究。现有的国内研究成果重在对南亚区域合作的发展历程、动因以及困难和障碍的历史进行梳理。① 南亚历史是进行南亚区域合作问题研究的重要基础，因为其"并不利于南亚区域主义的成长。在过去几十年里，历史极大地影响了南亚人民的思想和行为"。② 因此，这些历史性研究成果对于中国学者进行南亚区域主义研究至关重要。

南盟是南亚区域主义的重要实践，是研究南亚区域合作问题的重点分析对象。关于南盟的价值与作用，丹佛大学学者海德尔汗和佐勒菲卡尔指出，"自南盟成立以来，其进展缓慢、成果有限，这使人们对南盟作为一种有效的区域安全机制产生了极大的怀疑"。③ 克里帕认为，南盟的成立并没有给复杂的南亚国家间关系

---

① 郑瑞祥：《南亚区域合作的回顾与展望》，《国际问题研究》1986年第2期，第19—22、32、63页；王宏纬：《80年代的南亚区域合作》，《南亚研究》1991年第1期，第8—13页；向元钧：《南亚区域经济合作的历程及其特点》，《南亚研究季刊》1991年第4期，第26—32页；王宏纬：《90年代南亚区域合作》，《南亚研究》1991年第2期，第21—28页；杨翠柏：《南亚区域经贸合作的现状与前景》，《当代亚太》1997年第4期，第61—64页；张敏秋：《南亚区域联合联盟——一个步履蹒跚的区域合作组织》，《国际政治研究》1998年第4期，第75—87页；孙建波：《南亚区域联合联盟的历史与未来》，《南亚研究季刊》2003年第1期，第29—33页；王伟华：《地区主义与南亚区域合作》，《南亚研究季刊》2003年第4期，第56—60页；孙培钧、华碧云：《南亚区域合作的新进展》，《南亚研究》2003年第2期，第40—46页；曹峰毓、王涛：《论南亚区域能源合作的现状及挑战》，《南亚研究季刊》2015年第4期，第62—71页；曹峰毓、王涛：《南亚区域安全合作的进展及挑战》，《印度洋经济体研究》2016年第3期，第78—94页；曹峰毓、王涛：《南亚区域合作的历程、成效及挑战》，《太平洋学报》2017年第10期，第74—83页。

② Kishore C. Dash, "Regionalism in South Asia Negotiating Cooperation, Institutional Structures", London and New York: Routledge, 2008, p. 193.

③ Haider A. Khan, Zulfiqar Larik, "Globalization and Regional Co-operation in South Asia: A Political and Social Economy Approach", CIRJE Discussion Papers, 2007, p. 3.

带来转机和希望,"既没有消除成员国之间的历史恩怨,也没有改善邻国之间高度的相互猜疑和不信任"。① 中国学者马孆也指出,南盟是南亚唯一的区域组织,但由于其最重要的成员国印度的原因,与其他发展中国家的区域组织相比,南盟进展十分缓慢。冷战期间,印度与南盟其他成员国关系紧张导致其与南盟关系也若即若离,使得南盟很难有所作为。② 然而,"有些观察者认为,尽管南盟不是解决该地区问题的灵丹妙药,但它的存在确实在最高层面上为决策者和其他技术经济专家的定期会面以及就重要的双边和区域问题举行非正式讨论提供了一个机会"。③

笔者梳理了关于南亚区域合作中障碍性问题研究的主要观点及其不足。对南亚区域合作中的障碍性问题进行文献梳理时发现,大部分研究是以宏观国家间关系为研究层次进行分析,以印度为中心,研究印巴矛盾以及印度与南亚其他国家间关系在南亚区域合作中的障碍性作用。比如,郑经言在其发表的文章《南盟与东盟的区域合作比较浅议》中指出,在南盟成员国之间的关系,特别是印度与巴基斯坦之间的关系没有得到根本改善前,很难想象南盟会在区域经济合作方面取得显著成果。④ 孙培钧和华碧云在其文章《南亚区域合作的新进展》中认为,南亚国家间,特别是印

---

① Kripa Sridharan, "Regional Organisations and Conflict Management: Comparing ASEAN and SAARC", Crisis States Working Paper Series, No. 2, 2008, p. 8.

② 马孆:《印度与南亚区域联合联盟关系的演变》,《南亚研究》2006年第1期,第22页。

③ Kishore C. Dash, "Regionalism in South Asia Negotiating Cooperation, Institutional Structures", London and New York: Routledge, 2008, p. 3.

④ 郑经言:《南盟与东盟的区域合作比较浅议》,《南亚研究》1987年第2期,第4—5页。

度和巴基斯坦之间如领土争端和宗派冲突等非经济负面因素常常阻碍区域合作的发展。① 王宏纬在其研究中也指出，南亚区域合作发展相对缓慢的主要原因在于印度与巴基斯坦之间长期不协调的关系。② 王伟华在其研究中为，"南亚地区主义发展进程的缓急关键在于印巴关系的状况"。③ 陈小萍指出，印度与巴基斯坦之间的长期争端阻碍了南盟事实上的发展，南盟首脑会议的数次推迟都与印度和巴基斯坦之间冲突的激化直接相关。④ 孙建波则认为，南盟在走向 21 世纪时能否取得较大发展，其关键在于印巴两国关系能否得到明显改善。⑤ 刘津坤认为，只有印度和巴基斯坦这两个南亚大国携手合作，南盟才能发挥积极作用。⑥

国外学者也十分注重在这一层次上的分析研究。例如，默罕默德·贾姆希·伊克巴尔认为，"围绕在南亚国家间的政治紧张与冲突为南盟的形成带来了不确定性与挑战"，⑦ 南亚国家间关系是影

---

① 孙培钧、华碧云：《南亚区域合作的新进展》，《南亚研究》2003 年第 2 期，第 46 页。
② 王宏纬：《南亚区域合作的现状与前景》，《当代亚太》2004 年第 2 期，第 30 页。
③ 王伟华：《地区主义与南亚区域合作》，《南亚研究季刊》2003 年第 4 期，第 56 页。
④ 陈小萍：《印巴恢复和平进程：动因与制约》，《南亚研究季刊》2010 年第 4 期，第 11 页。
⑤ 孙建波：《南亚区域联合联盟的历史与未来》，《南亚研究季刊》2003 年第 1 期，第 33 页。
⑥ 刘津坤：《印巴关系缓和初析》，《国际问题研究》2004 年第 2 期，第 61 页。
⑦ Muhammad Jamshed Iqbal, "SAARC: Origin, Growth, Potential and Achievements", Pakistan Journal of History & Culture, Vol. 27, No. 2, 2006, p. 140.

响南盟发展的关键因素。兰吉特·辛格·古曼等认为，"由于印度与巴基斯坦之间固有的政治因素，南盟仍然是世界上最虚弱的贸易集团之一。南盟的命运取决于印巴两大成员国之间的政治关系。只有成员国间表现强烈的政治意愿，南盟才会可能取得进展"。[1]国际伊斯兰大学学者曼苏尔·阿哈默德在其论文《南亚区域合作的问题与前景：以印度在南盟中的作用为例》中重点关注了印度在南盟中的作用，并围绕以下研究问题进行了探讨：印度是阻碍南亚区域合作的因素吗？其研究内容包括：领导者如何影响合作安排的结果，南亚区域主义的动态需求，南亚其他国家和印度对南盟的认知看法，南亚其他国家对印度的期待及印度的回应，印度政策对未来南亚区域合作进程的影响。[2]可见，印度以及以印度为中心的南亚国家间关系是考察南亚地区和平与发展的核心要素，是进行南亚区域研究无法回避的基础考量。

以上这类层次研究在该问题研究领域中占据着重要地位，其重要价值在于以国家为研究主体、以国家间关系为层次的宏观研究是研究区域主义的重要基点，是宏观把握和了解南亚区域国家间互动状态的重要基础。在这类研究成果的基础上再进行各个问题的深入研究会更加客观和准确。但由于南亚国家间矛盾和问题的复杂性和多样性，从宏观视角分析很难把握影响南亚区域合作的微观层次上的影响因素，容易忽视对国家心理和主观认知层面的

---

[1] Ranjit Singh Ghuman and Davinder Kumar Madaan, "Indo-Pakistan Trade Cooperation and SAARC", Peace and Democracy in South Asia, Vol. 2, No. 1 & 2, 2006, p. 83.

[2] Manzoor Ahmad, "The Problems and Prospects of Regional Cooperation in South Asia: A Case Study of India's Role in South Asian Association for Regional Cooperation (SAARC)", International Islamic University, 2013.

作用分析。巴基斯坦学者阿齐尔·S.沙阿指出，"在印巴冲突中，存在着民族认同、意识形态和宗教等敏感问题，这些问题都深深根植于主观认知和历史经验之中"。① 可见，基于对历史经验的梳理，重点分析主观认知对南亚国家间关系的作用，既是重要的分析视角，同时也是需要重视的考察因素。

笔者梳理了关于印度身份及南亚其他国家对印度国家身份认知的研究观点。印度的国家身份是南亚其他国家产生怀疑与畏惧心理的主要源头。海德尔·汗等指出，"较小的成员国家总是以怀疑的眼光看待印度，认为它是强权国家。这种不对称的状态导致了印度与成员国在安全认知上存在分歧"。② 而"在不消除怀疑和不信任的前提下企图创造合作环境是永远不可能取得积极成果的"。③ 穆罕默德·阿尤布指出，"南亚合作机制缺失的根源在于印度的强权国形象，特别是正在向印度教倾斜的强权形象。它不仅对巴基斯坦产生威胁，而且也威胁到尼泊尔、斯里兰卡和孟加拉国作为民族国家的安全"。④ 印度的这一国家身份对其与南亚其他国家间的政治、经济以及军事关系均产生了负面影响。

尽管印度在南亚占据着区域主导国的地位，但其在维护地区安

---

① Aqil S. Shah, "Non-Official Dialogue between India and Pakistan: Prospects and Problems", ACDIS Occasional Paper, 1997, p. 8.

② Haider A. Khan and Zulfiqar Larik, "Globalization and Regional Co-operation in South Asia: A Political and Social Economy Approach", CIRJE Discussion Papers, 2007, p. 27.

③ Haider A. Khan and Zulfiqar Larik, "Globalization and Regional Co-operation in South Asia: A Political and Social Economy Approach", CIRJE Discussion Papers, 2007, p. 32.

④ Mohammed Ayoob, "India as Regional Hegemon: External Opportunities and Internal Constraints", International Journal, Vol. 46, No. 3, 1991, pp. 420–448.

全与促进地区发展上所发挥的作用和承担的责任与其国家身份并不相匹配。罗伯特·斯图尔特-英格索尔等指出，印度没有起到领导与管理的作用，其仅仅是在推行单边主义，而在这一过程中印度的区域内强权国形象逐渐被认知。[1] 印度的暴力干涉行为使南亚邻国形成了对印度地区强权国国家身份的认知，这种认知增加了南亚其他国家的不安全感和畏惧心理，这在根本上不利于南亚区域合作的实现。苏布拉提·米拉特在分析南亚地区安全问题时指出印度强权国身份认知是造成南亚地区安全困境的主要原因，他认为，"南亚安全环境陷入困境的主要原因在于印度作为地区现状维持者的自我认知与地区邻国将印度视为地区霸凌者的认知之间存在差距"。[2] 罗伯特·斯图尔特-英格索尔等认为，"尽管印度自认为是南亚的天然霸主，但是南亚地区却缺乏霸权安全秩序。印度想要成为真正的地区强权国，需要在此方向发挥作用"。[3] 可见，印度对国家身份的自我认知和南亚其他国家对印度国家身份的具体认知状态是影响南亚国家间关系的关键变量，其从根本上对南亚区域合作的发展产生着影响作用。

印度地区国家身份对南亚区域合作的具体影响主要表现在与南盟的关系和作用上。关于印度在南盟中的领导力或印度强权在南盟

---

[1] Robert Stewart-Ingersoll and Derrick Frazier, "India as a Regional Power: Identifying the Impact of Roles and Foreign Policy Orientation on the South Asian Security Order", Asian Security, Vol. 6, No. 1, 2010, pp. 51–73.

[2] Subrata K. Mitra, "The Reluctant Hegemon: India's Self-Perception and the South Asian Strategic Environment", Contemporary South Asia, Vol. 12, No. 3, 2003, p. 399.

[3] Robert Stewart-Ingersoll and Derrick Frazier, "India as a Regional Power: Identifying the Impact of Roles and Foreign Policy Orientation on the South Asian Security Order", Asian Security, Vol. 6, No. 1, 2010, p. 51.

中的表现力问题，马达威·巴辛对此进行了研究。他认为，"强权和领导力的概念是由政策所构建得来的，并通过认知来证实它的存在。在敌对和不信任的状态下，误解往往超越实用主义和理性而发挥作用。南亚国家普遍在认知上存在分歧，而大多数分歧来自于'愿景差异'。要消解这一差异，南亚地区国家需要承担同等的责任。印度需要采取积极的政策来改善南亚邻国对其的消极认知，而南亚邻国则需要肯定印度的努力并摆脱历史的桎梏"。① 可见，打破印度强权带给南亚区域发展困境的关键在于，印度需要调整其国家政策，消解南亚邻国对印度国家身份的认知偏差。克里斯蒂安·瓦格纳对于印度为转变其国家形象而在南亚政策上的转向进行了研究，他指出，"自20世纪90年代以来，印度的南亚政策显示出从军事和外交干预的硬实力战略，转向强调政府间合作、谈判的解决方案和经济合作的软实力战略。这些变化可以视为印度试图改变其国家形象，从地区的霸凌转向温和的强权"。② 从这些研究观点中可以看出，印度的国家身份是影响南亚区域合作发展的关键变量，分析南亚各国对印度国家身份的认知状态则是研究南亚区域合作障碍问题的重要视角和考察因素。

南亚区域合作发展缓慢实际上是对印度不断巩固与强化地区国家身份的现实回应。南亚其他国家对印度国家身份的认知偏差导致印度与南亚这些国家间的矛盾与冲突，这些矛盾与冲突构成了南亚区域主义发展的主要障碍，影响了南盟功能的发挥。因此，从国家

---

① Madhavi Bhasin, "India's Role in South Asia-Perceived Hegemony or Reluctant Leadership?", Indian Foreign Affairs Journal, Vol. 88, No. 4, 2008, p. 25.

② Christian Wagner, "From Hard Power to Soft Power? Ideas, Interaction, Institutions and Images in India's South Asia Policy", Heidelberg Papers in South Asian and Comparative Politics, No. 26, 2005, p. 14.

身份认知视角对南亚区域合作障碍进行微观层次上的研究，是对以权力和利益为核心的国家间关系层次宏观研究的重要补充。

三、本书结构

本书的研究重点是南亚各国包括印度在内对印度国家身份的认知如何影响南亚区域合作的发展进程。在章节安排上，本书共分六章，分别从理论探索、历史回顾、实践分析和趋势展望四个方面展开论述。

第一章主要阐述本书所运用的相关理论。首先是关于区域主义以及南亚区域主义的研究情况。本书从区域和区域主义的概念入手，逐步对区域性、区域化和区域主义的理解进行梳理。其次是探讨"区域主义"与"新区域主义"的区别与演进。最后是分析南亚区域主义的形成。通过对南亚区域主义产生条件的梳理，分析出南亚区域合作的内生需求以及发展南亚区域一体化的必要性与合理性，并从中解析印度对地区权力和地区身份存在执念的国家性格，为本书进一步提出国家身份认知分析框架奠定基础。

第二章试图构建一种分析框架。由于不对称区域权力结构与印度国家身份是影响南亚区域合作的背景性因素，本章提出了不对称结构下的国家身份认知理论分析框架。该分析框架是在沃马克不对称理论的基础上，将身份认知理论与其相结合而得出。同时，结合温特关于国家身份与对外行为的关系理论，进一步说明身份认知与对外行为之间的作用机制在于国家身份对行为体对外行为的内在驱动。因此，在不对称区域权力结构下不同的身份认知状态会驱动行为体做出不同的对外行为。

结合南亚不对称区域权力结构,本章重点分析了印度在南亚的地区国家身份特点,说明地区身份赋予印度在与南亚其他国家的政治、经济、文化、宗教等领域交往中均处于中心地位的优势条件。由于不同的身份认知状态会驱动国家做出不同的对外行为,因此,南亚各国包括印度在内对印度国家身份的认知成为影响南亚国家间交往的关键变量。双方对印度的国家身份认知存在巨大反差,印度的地区国家身份在南亚其他国家的认知中引起了怀疑与不满,深刻影响着南亚国家间的地区认同以及区域合作动力与合作意识的形成。这与南亚区域合作发展的基础条件直接相关。换言之,本章通过构建不对称区域权力结构下的国家身份认知理论分析框架挖掘影响南亚区域合作发展进程的深刻动因。

第三章是对南亚区域合作的历史进程和发展成效进行梳理和分析。首先是对南亚区域合作的整体发展进程进行历史梳理和阶段划分,这部分内容是进行南亚区域合作相关问题研究的重要基础。在南亚区域合作发展进程中,南盟是其重要内容和发展平台,是南亚区域主义的重要实践。因此,在梳理南亚区域合作发展历史的基础上,进一步重点阐述了南盟的成立及建制情况,其中包括《南盟宪章》的目标原则以及南盟组织的机构设置。其次是分析南亚区域合作所取得的主要成就以及发展进程中存在的问题。

第四章是对南亚区域合作的影响因素进行论述分析。基于南亚区域合作进展缓慢的客观事实及其具体表现,分析导致南亚区域合作进展缓慢的影响因素,即印度与南亚其他国家间不对称的国家间关系,制度供给不足与制度化程度低的制度性因素缺失以及缺乏合作意识与信任基础的动力因素不足。总结起来,南亚不对称的权力结构和印度的地区国家身份是导致这些影响因素产生的根源所在。在南亚不对称区域权力结构中,形成了以印度为中心的南亚地区秩序，形塑了印度的地区国家身份。在与南亚邻国及域外大国的交往中，地区国家身份给予印度在对外行为上强大支撑。

第五章是以作为南盟最高权力机关的南盟首脑会议的曲折发展历程为样本，分析国家身份认知对南盟发展进程的影响作用，从而对本书所提出的不对称区域权力结构下国家身份认知分析框架进行验证。本章以南盟首脑会议的发展线为依据，分析不对称区域权力结构条件下的南亚国家在区域合作中不合作与效率低的表现。从这些表现中分析并说明错误的国家身份认知会引起国家间的矛盾与不适，进而对南盟的组织运行产生影响。当组织成员国试图以制度对地区强国的国家身份加以约束时，强国会在其地区国家身份驱动下采取不合作和反制行为，以削减制度的制约力。尽管如此，南亚其他国家仍在尝试不同手段和方式以制约印度地区国家身份下的强权力量。但从国家身份认知角度分析，印度过度关注地区国家身份的巩固，忽视南亚其他国家利益而引发其不满情绪，导致南亚地区安全困境凸显，从根本上破坏了区域合作的基础条件。

第六章是对南亚区域合作的发展趋势以及中国与南亚加强区域间合作的前景进行展望。本章首先结合国家身份认知的分析框架对南亚区域合作的发展趋势进行展望。接着论述分析了南亚区域一体化程度与中国的关系，以及共建"一带一路"对推动中国与南亚区域间合作的影响作用。之所以对这一部分问题进行探讨，是因为南亚区域合作直接影响着中国与南亚的跨区域合作以及与南亚国家间的关系发展。

最后，结语部分将重新审视本书的研究问题，指出在南亚不对称区域权力结构中，南亚各国包括印度在内对印度国家身份的认知是影响南亚区域合作发展进程的关键因素。南亚国家在国家身份认知中出现的错位与偏差导致了南亚区域一体化发展程度较低问题的出现。从长远来看,南亚地区的权力结构短期内不会发生重大改变,印度的中心性将成为一种常态化。因此,消解南亚区域合作中问题的关键在于,理性认知南亚地区权力特点,改善国家身份认知偏差,尊重彼此国家身份。通过增进南亚国家间的理解与认同,改善南亚国家间的不对称关系,以修复南亚区域合作基础中的动力不足与缺失,为南亚区域合作的有效推进创造发展空间。

第一章

区域主义的理论探索

第一节 关于区域的相关概念

"区域"或"地区"①是地理学的重要概念,被引入到国际关系研究领域后其涵义不断丰富。"区域是现代国家建构的历史土壤,是先于国家而早已存在的地理单元,不同区域的差别基本决定了域内不同国家内政外交的差异。"② 由于"我们的世界是一个

---

① 本书的研究对象"区域主义"亦可称"地区主义"。南京大学朱峰教授使用"区域主义"一词来表示地区主义(regionalism),认为区域主义与地区主义只是译法上存在不同。因此"区域"和"地区"在本书中的词义表达上为同一概念。

② 张云:《东南亚区域治理:理论、实践与比较》,上海人民出版社2023年版,第4页。

地区组成的世界",①"地区和地区主义是世界政治中的重要趋势",② 因此,区域是认识世界的重要起点,区域主义是塑造世界的理论工具。

一、区域定义的讨论

关于"区域"或"地区",美国学者约瑟夫·奈定义为:"一个国际性地区就是由一种地缘关系和一定程度的相互依赖性联结到一起的(一组)有限数量的国家。"③ 而对地区概念进行的早期全面论述则来自于1967年英国拉西特所发表的《国际地区与国际系统:一项政治生态学的研究》,通过对"国际性地区"的实证性研究,拉西特对地区进行了定义与分类。他主张,"地区的定义是灵活的,无法用任何单一的标准去满足复合性的需求"。④ 为了解决这一难题,他提出按照五种标准将地区划分为五类:第一,社会和文化类似的地区;第二,由具有相似政治态度和对外政策的国家所组成的地区;第三,政治上相互依赖的地区;第四,经济

---

① [美]彼得·卡赞斯坦著,秦亚青、魏玲译:《地区构成的世界:美国帝权中的亚洲和欧洲》,北京大学出版社2007年版,第1页。

② [加]阿米塔·阿查亚著,袁正清、肖莹莹译:《美国世界秩序的终结》,上海人民出版社2016年版,第132页。

③ Joseph Nye, "International Regionalism", Boston: Little, Brown & Co, 1968, p. 7.

④ 耿协峰:《新地区主义与亚太地区结构变动》,北京大学出版社2003年版,第20页。

上相互依赖的地区；第五，地理位置相近的地区。[①] 拉西特对地区类型进行划分实际上是对地区定义从内容和特性上进行了丰富与明确。

1973 年汤姆逊加深了关于地区的研究，通过总结凝练各种各样的地区概念而使这一概念标准化，这是他对地区主义研究做出的重要贡献。他提出了四种"地区"或"地区次体系"存在的充要条件：第一，行为体的关系或交互类型反映出某种机制化和紧密度，因此子系统中的某一点变化会影响其他点的变化；第二，行为体通常来说是近似的；第三，内部和外部观察者和参与者认可该子系统是一个有特色的区域或"行动区"；第四，该子系统逻辑上包含至少两个行为体，很有可能会更多。[②] 这些条件进一步精确了地区的定义。基于汤姆逊的研究，建构主义者从认同视角形成了自己对地区的理解与定义。建构主义者认为，地区是认同的一种形式，简单而言，地区就是国家创造它们的方式。在某些情况下，自认为属于同一地区的国家更有可能相互合作；而在其他情况下，这种地区自我认同会增加发生冲突的可能性。建构主义对地区的定义有助于思考和理解某些地区内所发生的和平与冲突。[③]

此外，由于学界尚未对地区的定义达成共识，因此，地区的定义在学者的研究中逐渐呈现"定制化"。比如，耿协峰用国际政治

---

① Bruce M. Russett, "International Regions and the International System: A study in Political Ecology", Chicago: Rand &Mcnally& Company, 1967, p. 11.

② William R. Thompson, "The Regional Subsystem", International Studies Quarterly, Vol. 17, No. 1, 1973, p. 101. 转引自肖欢容：《地区主义：理论的历史演进》，北京广播学院出版社 2003 年版，第 6 页。

③ 耿协峰：《新地区主义与亚太地区结构变动》，北京大学出版社 2003 年版，第 26 页。

经济学中的结构分析法分析亚太地区中的新地区主义问题时，定义地区的概念"就是指人类根据自然地理分布、历史习惯、政治经济文化活动的范围等而划分出来的、具有一定规模的社会生活空间"。[①] 为此，对于地区的理解关键不在于形成一个统一的概念，重点在于找到多种观点中关于地区理解的共同特征。这些特征包括：第一，地缘空间上的位置分布；第二，群体发展上有共同的利益诉求；第三，社会生活与文化上的地区认同；第四，联结互动上有相应的建制安排。

当前，关于区域或地区的概念学界并没有一致性的答案，它仍是一个具有复合需求特征的建构性概念。在分析不同区域问题的研究中，应基于区域定义中的共同特征去考察每个地区的特殊性，进而形成具有针对性且独特视角的概念界定。

二、区域化与区域性

区域化是区域主义理论的重要概念。英国著名学者安德鲁·赫利尔认为，"区域化指的是由于市场、贸易、投资和公司决策产生的地区整合进程。地区化不是国家或者地方政府事前决定的结果"，[②] 它是指"一个地区内社会一体化的成长和那种往往是自发

[①] 耿协峰：《新地区主义与亚太地区结构变动》，北京大学出版社2003年版，第29页。

[②] Andrew Hurrell, "Regionalism in Theoretical Perspective", in Louise Fawcett and Andrew Hurrell eds., "Regionalism in World Politics", Oxford: Oxford University Press, 1995, pp. 39–45.

的社会、经济互动过程"。①可见，区域化是一个自然发展的过程。它不具有规制性和强制性，它强调区域内国家或地方政府自发行为下的动态发展。

区域性是对区域概念的延伸理解，也是衡量区域化程度和进程的主要特征。不同地区的区域性特征可以反映出所在地区的区域化水平。新地区主义研究者赫特和索德伯姆重点研究了区域性问题，并将它分为五个递进的（或"进化的"）层次：第一，地区区域；第二，地区复合体，这是地区化进程的正式开始阶段，地区认同开始出现，地区内相互依赖水平得到提高，但会受到民族国家体制和重商主义国际环境的抑制；第三，地区社会，随着地区经济、政治、文化等不同层面的纵深发展，多层面的地区化逐渐形成，地区合作开始超越国家，出现了更广泛的非国家行为体和跨国行为体，它们促成了跨国的地区经济和地区公民社会的形成；第四，地区共同体，这种主体有明确的认同感、制度化的和非正式的行为者能力、合法性和决策机构，超越了原来的国界；第五，地区国家，这是最高的地区化阶段，它类似于民族国家但却绝不等同于民族国家，它是多元文化和多元主义的地区，它使民族国家自然演变成新型的政治实体，形成一种主权之间的更民主的亲和形式。②每个层次代表了地区区域性的发展程度，从一个层次向另一个层次的过渡则是地区区域化的发展进程。"区域性"概念显

---

① 耿协峰：《新地区主义与亚太地区结构变动》，北京大学出版社2003年版，第36页。
② ［瑞典］赫特、索德伯姆：《地区主义崛起的理论阐释》，《世界经济与政治》2000年第1期，第66—71页。

示出一个特定区域不断发展的多层面区域化进程。①

第二节　区域主义理论的演进

一、什么是区域主义？

与区域概念一样，学界对于区域主义的定义也没有统一的答案，而是在不同层次和不同角度上有着多重理解与定义。

"国家中心主义"是国际关系学者对区域主义研究的早期思路。路易斯·福西特将区域主义定义为"组建以地区为基础的国家间的集团"，② 约瑟夫·奈认为区域主义"是基于地区基础之上的国家间建立联系或形成组织的形式"。③ 随着区域主义发展带来的制度化效应，学者倾向于将区域主义定义为"一种由政治实践所主导的世界观和意识形态，而且把它理解为共同的政策、计划

---

① 郑先武：《区域间主义治理模式》，社会科学文献出版社2014年版，第39页。
② Louise Fawcett, "Regionalism in Historical Perspective", in Louise Fawcett and Andrew Hurrell eds., "Regionalism in World Politics", Oxford：Oxford University Press, 1995, p. 11. 转引自耿协峰：《新地区主义与亚太地区结构变动》，北京大学出版社2003年版，第34页。
③ Joseph Nye, "International Regionalism", Boston：Little, Brown & Co, 1968, p. vii.

及其实践"。① 赫尔基·赫维姆认为区域主义是一种有意识的建构，它与政策规制（即要实现的目标）和战略（即实现目标的手段和工具）相联系，并通常导致一种制度建设。② 国际经济学研究领域习惯将区域主义视为"区域经济一体化"或"国际经济一体化"。但有学者认为"一体化"概念容易在区域主义研究中造成干扰，应将区域主义和区域一体化作以区分。因此，为突出区域主义建制安排的本质特征，"国际机制"也常被用以界定区域主义。

在诸多定义中，赫里尔对于区域主义的理解更为深刻。他将区域主义分成五个不同范畴，即"地区化""地区意识或地区认同""地区国家间合作""国家推动的地区一体化"和"地区聚合一体"。③ 赫里尔的理解给予许多区域主义的研究者以理论借鉴，进而产生了不同角度的区域主义的定义。比如，耿协峰定义的区域主义概念为"同一地区内的各种行为体（包括政府、政府间组织、非政府组织、民间团体或个人等）基于共同利益而开展地区性合作的全部思想和实践活动的总称"。④ 综合各种定义，大致可总结出关于区域主义的基本性质和特征。首先，区域主义是以民族国家为主的国际行为体在某一地区内进行的系列活动。其次，这些

---

① 郑先武：《区域间主义治理模式》，社会科学文献出版社2014年版，第38页。

② Helge Hveem, "Explaining the Regional Phenomenon in an Era of Globalization", in Richard Stubbs and Geoffey R. D. Underhill eds., "Political Economy and the Changing Global Order", Oxford: Oxford University Press, 2000, p. 72.

③ Andrew Hurrell, "Regionalism in Theoretical Perspective", in Louise Fawcett and Andrew Hurrell eds., "Regionalism in World Politics", Oxford: Oxford University Press, 1995, pp. 39–45.

④ 耿协峰：《新地区主义与亚太地区结构变动》，北京大学出版社2003年版，第37页。

活动以国际行为体在政治、经济和文化等领域的具体互动实践为主。再次，共同利益是进行活动的基础和诉求。最后，制度安排是进行活动和实现目标的机制保障。

结合上述的概念辨析，"区域主义"与"区域""区域化""区域性"这三个概念之间也存在着密切联系。区域主义以区域为基础建构制度推动地区发展区域性进而实现区域化。这些概念的理解奠定了区域主义理论研究的重要基础，它是区域主义得以继续发展演变的理论基石。

二、从区域主义到新区域主义

随着全球化的深入，国际多边合作逐渐成为区域主义的重要实践内容，区域主义出现了质性发展。学界普遍以 20 世纪 80 年代中期为线，将区域主义划分为"旧区域主义"和"新区域主义"。"旧区域主义"是在冷战背景之下产生的，主要表现为区域政府间组织，并以单一维度的经济组织和政治—安全组织的形式存在。[1]这些组织主要有欧洲共同体、欧洲自由贸易联盟、美洲国家组织、非洲统一组织、东南亚国家联盟、北大西洋公约组织、华沙条约组织等。其中，以欧洲共同体的成就最为突出。西欧主要国家通过组织共同体的方式为区域主义提供了一种天才的实践形式。[2] 它被视为"旧区域主义"智慧的重要部分。因此，"旧区域主义"理

---

[1] 郑先武：《区域间主义治理模式》，社会科学文献出版社 2014 年版，第 24 页。
[2] 耿协峰：《新地区主义与亚太地区结构变动》，北京大学出版社 2003 年版，第 49 页。

论主要是关于欧洲一体化的理论。"旧区域主义"更多关注的是欧洲和发达国家，"新区域主义"的出现则将注意力转向了发展中国家。

美国学者诺曼·D. 帕尔默首先提出"新区域主义"一词。他认为，区域一体化理论在经历了一段时间的停滞后，随着20世纪80年代中期美苏关系缓和，在修正民族主义和相互依存的时代，区域组织和区域一体化出现了新的特征，"新区域主义"不仅是"旧区域主义"的复兴，更日益成为国际关系中一个重要的新因素。[1] 就内涵而言，"新区域主义"对"旧区域主义"进行了拓展，不仅包括政治、经济和安全传统领域，而且还发展到人文、环境与社会等非传统领域。在特性上，"新区域主义"表现出更多的开放性、多样性、综合性和社会性。在强调区域内合作的同时，"新区域主义"还开启了区域间的合作与联系，从而推动了区域主义理论的新发展，"区域间主义"应运而生。

区域主义的出现和发展深刻影响着国际关系研究。区域成为国际关系研究中的重要单元和层次，区域主义则拓展了人们认知世界的视域范围。作为一种新的思潮，区域主义在全球主义与国家中心主义之间的角色和作用成为学界的重要研究对象。主权国家参与全球化需要依靠区域主义的带动，但国家中心主义者认为区域主义会使国家产生过多的主权让渡，进而损害国家利益。对于全球主义来讲，区域一体化是全球化的重要表现形式，但加强区域范围内的合作则会对世界经济发展产生潜在的排他性，容易引发国家间的利益冲突。因此，如何发展公允且开放的区域主义是

---

[1] Norman D. Palmer, "The New Regionalism in Asia and the Pacific", Lexington: Lexington Books, 1991, pp. 1–19.

调和三者关系的关键所在。

在世界范围内的区域主义实践中,南亚区域主义发展相对缓慢,这其中既有国家中心主义的阻挠也有全球主义的制约。国家中心主义对国家利益和主权的坚决捍卫使南亚国家,特别是除印度之外的南亚其他国家趋于谨慎。全球主义对国家间经济依赖关系的加强则使原本就不对称的南亚国家间关系产生新的对抗张力。所以,相比其他地区区域主义实践的高效推进,南亚区域主义发展滞后的国际关系现象更加值得研究与关注。本书的研究对象南亚区域合作是南亚区域主义的主要内容和具体表现,因此,把握区域主义的相关概念及其理论演变,进而分析南亚区域主义的形成条件及发展特点,是深入研究南亚区域合作发展及问题的重要前提和基础。

第三节　南亚区域主义的产生

一、南亚区域主义的形成条件

(一) 地缘空间的认同

南亚次大陆位于喜马拉雅山以南的亚欧大陆南延段,因喜马拉雅山脉的阻隔使其在地理上成为了一个独立的单元。天然的地缘空间使南亚内部的联系更加紧密,从而也形成了南亚独特的地区秩序和南亚国家间共存共事的国际关系。

然而，南亚地理条件上的独立和半封闭状态并不能阻挡冷战影响的波及。基于意识形态下的东西方斗争将国际社会划分为以美苏为首的两大阵营，第三世界国家及其所在地区只能在两大阵营的争斗下求生存。南亚次大陆因其战略位置重要而成为美苏争夺的关键地区。在冷战背景下，追求意识形态上的认同与归属是该时期的普遍特征，意识形态成为国家采取对外行为的基本准则。此时的南亚国家也深受意识形态的影响，主要采取依附大国的地区战略，而忽视利用自身优越的地缘条件寻求发展。

随着冷战的结束，新一波区域主义浪潮再次出现。[①] 欧洲一体化的进程使国际社会看到地缘上相近的国家应采取集体合作的自救方式，以获取在国际社会中的独立生存地位。至此，地缘空间上的认同逐渐取代意识形态的认同而发挥作用，地缘空间条件成为了国家组建区域组织的主要考量条件。新区域主义的出现进一步推动了区域性组织的成立与发展，以东南亚国家联盟（以下简称东盟）和东亚区域一体化进程的发展成果最为显著。南亚国家也在全球化的外部压力和区域内部融合力量推动下，逐渐形成了南亚自身的区域认同感。地缘空间上的认同成为南亚区域主义产生的基础条件。

（二）区域共同发展意识的增强

区域发展意识来自于区域内各国对自身国家发展现状及区域发展态势的反省与思考。基于它的结果，区域内国家进而共同达成区域化发展的国家合作意愿。传统上能够影响国家间合作意愿的

[①] Robert E. Kelly, "Security Theory in the 'New Regionalism'", International Studies Review, Vol. 9, No. 2, 2007, p. 202.

因素有诸多方面,从新自由主义观点来讲,国家间经济相互依赖程度会影响国家间合作的需求度。从结构现实主义观点来看,地区结构状态决定着地区内单元行为体的行为。比如,地区强权国的存在会使区域内其他国家产生恐惧感而倾向于抗拒与强权国家合作,结构因素会影响行为体做出主权让渡行为的国家意愿。从文明冲突论角度来分析,国家的历史、文化和宗教传统会影响国家间的文明认同感。对于南亚来讲,以地缘上的天然优势为基础,南亚国家间有史以来就保持着密切的经贸往来和文化相通。在1947年之前,南亚次大陆基本处于英国的殖民统治之下,南亚国家由此具有共同的历史文化背景。尽管南亚国家间仍存在诸多历史和现实矛盾,但面对国家发展和改善人民生活福祉的重大使命,它们更加愿意尝试搁置争议,走区域合作的发展道路,转变区域发展意识,组建有助于共同发展和能够应对危机风险的区域性合作组织。区域共同发展意识的增强是南亚区域主义得以形成的关键条件。

(三)区域共同利益的驱动

利益是区域合作的根本动力。东盟作为地区性组织的典范,如今已通过建立践行共同利益的基础设施,成功筑起了政治、经济、社会和文化领域的合作。[1] 它的成功经验证明建立区域合作组织是解决国家内部发展困境的一条有效途径,而区域共同利益则是构建区域组织的关键基础。南亚各国看到相邻地区的经验模式,也逐渐开始寻求共同的地区利益。通过达成区域发展共识,探索属

---

[1] Mohamad Faisol Keling, Hishamudin Md. Som and Mohamad Nasir Saludin, et al., "The Development of ASEAN from Historical Approach", Asian Social Science, Vol. 7, No. 7, 2011, p. 169.

于南亚自身的区域发展模式。南盟是南亚践行区域主义的实践模式和具体成果。在此之前，南亚各国只关注自身国家利益，缺乏对地区共同利益的认同，"零和博弈"是国家间交往的惯有思维，容易引发矛盾与冲突，缺少地区合作意识。

随着全球化的不断加深，主权国家所要应对的危机与挑战逐渐呈现多样化、国际化和地区化等特性。比如，气候变化、恐怖主义、跨国犯罪以及传染性疾病等全球性问题的治理，对于发展中国家来说很难凭借其自身力量去解决。"新区域主义"的出现为发展中国家提供了一条解决困境的重要途径，它突破了"旧区域主义"限于经济和传统安全领域的合作，逐渐向气候、教育、卫生、能源等更多新的领域拓展。尤其是对于问题和矛盾重重的南亚来说，"新区域主义"为南亚国家寻求地区共同利益开拓了新的领域和思路，加强了南亚地区的国家间合作，为南亚区域主义的发展带来了新动力。

二、南亚区域主义的必要性

印度外交部长苏杰生认为，南亚是世界上内部联系最不紧密的地区，但现在正努力促进该地区一体化。[①] 南亚地区存在的诸多问题需要依靠区域一体化来解决，南亚区域主义是南亚摆脱困境的必要选择。

---

① Dipanjan Roy Chaudhury, "SAARC has Problems, BIMSTEC Full of Energy, Says Jaishankar", The Economic Times, Jun. 7, 2019, https：//economictimes. indiatimes. com/news/politics – and – nation/saarc – has – problems – bimstec – full – of – energy – says – jaishankar/articleshow/69684367. cms.

（一）南亚国家的经济状态

南亚地区共有八个国家，其中印度、孟加拉国和巴基斯坦为沿海国家，阿富汗、尼泊尔和不丹为内陆国，斯里兰卡和马尔代夫为岛国。虽然国家数量不多，但国家间的经济水平却发展不一，差异明显。根据世界银行数据统计，按人均国民总收入，南亚八国被划分为三类：第一类属于中等偏上收入经济体，包括马尔代夫；第二类属于中等偏下收入经济体，包括孟加拉国、不丹、印度、尼泊尔、巴基斯坦和斯里兰卡；第三类属于低收入经济体，包括阿富汗。[①] 经济水平的差距使南亚国家间合作存在阻碍。

尽管近年来南亚地区的经济发展成绩显著，但南亚整体经济发展仍处于中下游水平。经济结构较为单一，工业基础薄弱，对外开放力度不够，以及地区安全局势不稳定等均是导致该地区经济发展落后的主要原因。经济落后造成的贫困问题十分严重，南亚是世界上居住贫困人口最多的地区。

经济发展的困境促使南亚国家积极寻求有效的解决路径。各国的经济发展状态使南亚国家对区域合作产生了迫切需求。发展南亚区域主义成为南亚摆脱经济困境的必要选择，各国对推进南亚区域合作的必要性达成了共识。尽管南亚国家间的经济水平存在明显差距，但国家经济发展的实际需求推动南亚区域主义逐渐起步于区域内的双边及多边合作。在推进南亚区域经济一体化深入发展的同时，次区域合作也在同步展开。

---

① "World Bank Country and Lending Groups", Word Bank, https：//datahelpdesk.worldbank.org/knowledgebase/articles/906519 - world - bank - country - and - lending - groups.

（二）南亚主要的双边矛盾——印巴矛盾

虽然国家间的矛盾会影响区域合作关系的建立，但以平等、互利、互信为基础建立的区域合作机制会成为有利于解决国家间问题与矛盾的有效措施。南亚国家长期沉积下来的矛盾与问题需要转变思路与视角去重新审视和解决，南亚区域主义是一种可行性选择。

印巴矛盾是南亚最突出的一对国家间矛盾，成为了影响南亚局势的最主要不稳定因素。印巴冲突受多种因素影响，如英国未能处理好一个平和且政治上可被接受的分治，印度教徒、锡克教徒和穆斯林之间根深蒂固的政治对抗，克什米尔问题等，这些因素以及其他一些因素都发挥了作用，导致冲突激化。[1] 以二战时期英国殖民主义遗留下来的克什米尔问题为例：一方面，克什米尔地区因地缘战略位置的重要性使印巴两国长期处于对该地区实际控制权的争夺状态；另一方面，由于印控克什米尔与巴控克什米尔分属不同的宗教和种族群体，两民族因历史原因互相仇视，而造成该地区持久对立。2003年印巴曾在克什米尔问题上达成过妥协，两国关系一度缓和并出现了国家间合作。但由于克什米尔问题的复杂性，加之美国等西方外部势力的过多干涉，导致该问题始终悬而未决，成为印巴关系中的重大难题。

长期得不到有效解决的印巴矛盾迫切需要一种有效机制为两国对话提供平台。推动南亚区域主义的发展对南亚地区亟需解决的诸多国家间矛盾来说是十分必要的举措，南亚区域合作为解决印巴矛盾提供了可能性。尽管随着南亚区域合作的推进，印巴矛盾从最初

---

[1] Stephen Philip Cohen, "India, Pakistan and Kashmir", in Sumit Ganguly eds., "India as an Emerging Power", London and Portland: Frank Cass, 2003, pp. 30–31.

的解决对象演变成了影响区域合作发展的障碍，但区域合作和实现区域一体化仍然是南亚区域治理的必要选择。

（三）南亚各国的国家意愿

发展南亚区域主义的必要性还来自于南亚各国对推动区域合作的国家意愿与需求。南亚地区以印度为中心的权力结构特点决定了区域内存在着两种力量之间的博弈。长时间的历史条件下，印度与南亚其他国家间建立了不同程度的"特殊关系"。南亚其他国家被迫接受着印度在政治、经济以及外交等方面不同程度的"指导"。然而，随着民族主义的复兴，南亚其他国家纷纷想要摆脱印度的强权，希望建立有效的机制平台，获得能够与印度进行平等对话的身份地位，以集体力量稀释印度在南亚的区域影响。因此，南亚其他国家对于推动南亚发展区域一体化有着强烈的需求和意愿。

印度对于南亚区域合作也有着自己的想法与需求。与所有国家建立友好关系是印度外交政策的遵循趋向。[①] 印度最初对推动南亚区域合作的态度十分冷淡，原因在于印度意识到南亚其他国家积极推动的目的之一在于对其制衡。随着印度在20世纪90年代初开始实行经济改革以后，快速的经济发展对印度的对外关系提出了新的要求。印度逐渐意识到，参与南亚区域合作不仅可以缓和与南亚其他国家的关系，为本国经济发展提供和平稳定的周边环境，而且更加有助于提升南亚其他国家对印度的地区身份认同。

---

① P. Tepekrovi Kiso, "India's Foreign Policy towards South Asia: Relevance of North East India", New Delhi: YS Books International, 2014, p. 84.

小　结

　　区域、区域化和区域性是区域主义理论中十分重要的概念，大多数关于区域主义的研究都应从这三个概念入手。由于当前学界对于区域的概念尚未达成一致认识，因此，抓住不同观点中关于区域概念理解的共同特征是进行区域研究的关键所在。区域化是一种自发过程。在这个过程中会经历不同的发展层次，每个层次都会形成一个阶段特点，而这个特点就是区域性。区域性是区域化发展进程中的必然特征。在把握这些与区域相关概念的基础上，本章进一步总结出区域主义所具有的几点特征：第一，区域主义是以民族国家为主的国际行为体在某一地区内进行的系列活动；第二，这些活动以国际行为体在政治、经济和文化等领域的具体互动实践为主；第三，共同利益是进行活动的基础和诉求；第四，制度安排是进行活动和实现目标的机制保障。

　　从"旧区域主义"到"新区域主义"的理论演变使区域主义的实践内容得到拓展与丰富。"新区域主义"不仅拓展了合作议题和领域，而且更加注重国际多边合作的发展，表现出更多的开放性、多样性、综合性和社会性特点。在强调区域内合作的同时，它还开启区域间的合作与联系，推动区域主义向区域间主义的新发展。

　　区域主义的出现和发展对国际关系研究产生了深刻影响。在世界范围内的区域主义实践中，南亚区域主义发展相对缓慢，但仍存在着很大的发展动力与内生需求。地缘空间认同感的提升、区域发展意识的增强以及区域共同利益的驱动促使南亚区域主义得以形成。对于南亚而言，推动区域一体化仍是该地区合作发展的必要选择。

第二章

构建新框架：不对称区域权力结构下的国家身份认知

"不对称是国际关系的常态。"① 美国弗吉尼亚大学米勒中心沃马克教授的不对称理论正是对国际关系中的不对称性进行了分析研究。南亚是世界上不对称区域权力结构现象最突出的地区，以印度为中心的权力格局分布是南亚地区不对称性的显著特征。南亚国家包括印度在内对印度国家身份的认知状态深刻影响着南亚国家间的交往与行为。这些国家行为的结果直接关系着南亚区域合作的发展进程。因此，本书以南亚不对称区域权力结构和印度的国家身份作为影响南亚区域合作的自变量，在不对称区域权力结构条件下，探讨南亚各国的国家身份认知对国家行为的影响作用。在此基础上，分析印度的国家身份是如何被南亚国家所认知，以及这种身份认知又是如何影响了南亚国家间的合作与冲突，进

---

① 柳思思：《身份认知与不对称冲突》，《世界经济与政治》2011年第2期，第114页。

第二章 构建新框架：不对称区域权力结构下的国家身份认知

而论证不对称区域权力结构下的南亚各国包括印度在内对印度的国家身份认知是影响南亚区域合作的关键性背景因素。

第一节 不对称理论概述

一、理论的提出与假设

沃马克于 2001 年在《战略研究》上发表的文章中首次提出结构性错误知觉理论（或称不对称理论）。[①] 不对称理论是一种中层理论，它融合了结构现实主义与罗伯特·杰维斯的错误知觉理论，将权力关系结构与认知因素联系起来，解释了国际关系中权力不对称结构导致国家间紧张关系的原因。[②]

不对称理论的重要性在于，指出了由于国家实力和能力的不同而形成的国家间潜在差距是造成行为体对他者的误解和过度关注的核心原因，并首次提出"不对等关注"的概念。该理论从"不对等关注"这一新的角度解释国际关系，它指出国家间关系并非基于国家实力的不同，而是基于国家对由实力不同所造成潜在差距的风险感知以及对自身处境的关注度。

不对称理论的基本假设是，不对称权力结构会导致国家间系统

[①] 林民旺：《沃马克的结构性错误知觉理论研究》，《国际政治研究》2009 年第 2 期，第 58—65 页。

[②] 林民旺：《沃马克的结构性错误知觉理论研究》，《国际政治研究》2009 年第 2 期，第 58 页。

性的错误知觉。任何关系都可能产生错误知觉，但在不对称权力关系结构中产生的错误知觉是系统性的。其原因在于，这种错误知觉不是源于国家或者领导人的特征，而是源于国家间权力的不对称结构。① 换言之，国家大小导致了不对等关注，而不对等关注又影响了国家行为。②

根据沃马克对于不对等关注的案例分析，其假设在不对称权力结构中存在强国 A 和弱国 B。在 A 国和 B 国构成的不对称权力结构关系中，A 国的实力大于 B 国的实力。对于 B 国来讲，A 国的行为会对 B 国的国家利益与生存安全产生更大的影响，因此，B 国有理由对 A 国的行为更加谨慎和过度关注。对于 A 国来讲，B 国的行为不会影响到 A 国的核心利益与国家安全，因此，A 国会忽视 B 国的行为，转而会更加关注和发展比与 B 国关系更重要的与第三国关系。B 国对 A 国的关注角度大于 A 国对 B 国的关注角度，这便产生了不对等关注。这种不对等关注会影响强国与弱国之间的合作。强国会忽视弱国的国家利益，并不在意弱国能否成为其合作伙伴，而倾向于对第三国给予更多的关注。这种行为会引起弱国的不适和沮丧，从而导致障碍的出现进而影响合作的达成。

---

① Brantly Womack, "Asymmetry and Systemic Misperception: China, Vietnam and Cambodia during the 1970s", The Journal of Strategic Studies, Vol. 26, No. 2, 2003, p. 94. 转引自林民旺：《沃马克的结构性错误知觉理论研究》，《国际政治研究》2009 年第 2 期，第 62 页。

② 朱翠萍、科林·弗林特：《"安全困境"与印度对华战略逻辑》，《当代亚太》2019 年第 6 期，第 36 页。

第二章 构建新框架：不对称区域权力结构下的国家身份认知 ◇

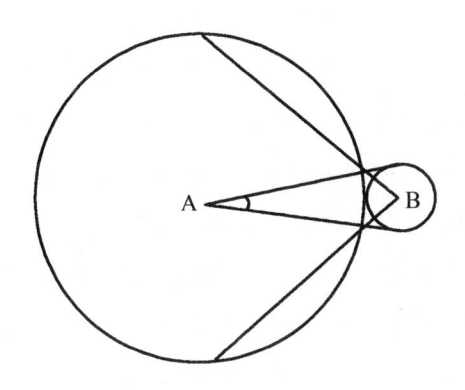

图 2-1 沃马克的"不对等关注"

资料来源：Brantly Womack, "China and Vietnam: The Politics of Asymmetry", New York: Cambridge University Press, 2006, p.79。

二、不对等关注与国家身份认知

通过沃马克的不对称理论可以得知，不对等关注是影响国家间关系的主要原因。沃马克以不对称理论很好地解释了国家间因国家实力的不对称而导致弱国出现过度反应的国家行为，但该理论却未能同时解释大多数同样处于不对称权力结构下的国家间关系没有必然发生冲突甚至战争的现象。[1] 国家身份在这一过程中起到了关键性作用，增加对国家身份及其认知这一环节的思考与观察有助于补充该理论的解释效用不足。

不对等关注的内容与对象来源于国家身份。对国家身份的认知

---

[1] 柳思思：《身份认知与不对称冲突》，《世界经济与政治》2011 年第 2 期，第 117 页。

是行为体间形成不对等关注的初始动作。在不对称区域权力结构关系中,行为体通过对国家身份的认知,感知到国家间的实力差距,从而产生不对等关注,即弱国过度关注强国的国家行为,强国忽视弱国的国家利益。因此,通过引入"国家身份认知"概念有助于解释行为体在相互交往中的具体心理状态和对外行为。换言之,国家身份认知是影响不对称区域权力结构下国家间交往的关键变量。

南亚最显著的地区特征就是区域权力结构的不对称性。印度与南亚其他国家在国家实力上的巨大差距使南亚地区的权力结构极不对称。这与沃马克不对称理论的研究对象相适应。由于南亚区域合作是南亚国家对外行为的共同作用结果,国家身份认知又是影响国家对外行为及其相互交往的关键变量。因此,本书试图将不对等关注与国家身份认知相结合,以南亚地区的国家间关系为样本,论证和分析南亚区域合作发展缓慢的原因。

第二节 国家身份认知与对外行为

一、国家身份与国家身份认知的界定

国家身份作为身份理论研究中的重要概念,根植于建构主义的理论思想,其代表人物温特认为,"从某种意义说,建构主义是身份政治理论"。[①]

关于国家身份的定义,秦亚青认为,"国家身份是指一个国家相对于国际社会的位置。具体地说,国家身份就是一个现代意义上的

---

① 秦亚青:《权力·制度·文化:国际关系理论与方法研究文集》,北京大学出版社 2016 年版,第 134 页。

第二章　构建新框架：不对称区域权力结构下的国家身份认知

主权国家与主导国际社会的认同程度"。① 孙溯源指出国家身份"是基于国际社会承认之上的国家形象与特征的自我设定，它随着国家间互动样式的变化而变化"。② 李峰则认为国家身份是"国际社会中国家固有的标签，它源于国家间以及国家与体系间的互动，同时，身份还是国家主动谋求的结果，一国围绕身份的认知、蔑视、调整、承认等实践是建构国际体系及其结构的关键"。③ 可见，国家身份是由行为体经过自我认知后，在与其他行为体互动实践中逐渐建构而来并处于变化之中的。其中，认知是国家身份建构中不可或缺的关键环节，对国家身份的认知既是基础也是过程。

关于认知，它是社会学中的重要概念，将社会学理论用于国际关系问题的研究也要归功于建构主义的理论家们。建构主义代表人物尼古拉斯·格林伍德·奥努夫认为，"认知"是一种依赖于"更高级别的大脑功能"的思维行为。④ 行为体是具备这种思维能力的主体。因此，关于身份认知的定义可以理解为是"行为体对身份的认同与感知"⑤。

国家身份是相对他者而存在的。因此，本书主张的"国家身份认知"概念大致可以总结为，所谓国家身份认知就是指行为体对自

---

① 秦亚青：《权力·制度·文化：国际关系理论与方法研究文集》，北京大学出版社 2016 年版，第 350 页。

② 孙溯源：《集体认同与国际政治——一种文化视角》，《现代国际关系》2003 年第 1 期，第 38—44 页。

③ 李峰：《国家身份如何塑造区域认同——以东南亚的区域大国"身份地位化"为例》，《南洋问题研究》2018 年第 2 期，第 13 页。

④ ［美］尼古拉斯·格林伍德·奥努夫著，孙吉胜译：《我们建构的世界：社会理论与国际关系中的规则与统治》，上海人民出版社 2017 年版，第 108 页。

⑤ 柳思思：《身份认知与不对称冲突》，《世界经济与政治》2011 年第 2 期，第 117 页。

我国家身份和处于互动关系中他者国家身份的认同与感知。具体来说，它是行为体在对自身国家形象与特征通过自我设定后，在与其他行为体的互动中对他者国家形象和特征产生认同与感知的建构过程。

二、国家身份认知与对外行为的互动关系

身份认知作为国际关系的重要概念，是影响国际行为体具体行为的核心变量。[①] 身份认知对国际受众和国内受众都很重要，大国的决策者在制定外交政策决策时将把这些因素考虑在内。[②] 在国家身份认知形成后，行为体会做出符合其国家身份与国家利益的对外行为。而身份认知与对外行为之间的作用机理在于国家身份对行为体对外行为的内在驱动。温特对于建构主义的重要贡献之一就在于建立了身份与行为之间的明确联系。"因为身份决定利益、利益决定行为"，[③] "只有在确定了行为体的身份和利益之后，才能表述行为体的行为"。[④] 秦亚青也指出，"国家对国际社会的态度和行为是基于

[①] 柳思思：《身份认知与不对称冲突》，《世界经济与政治》2011年第2期，第117页。

[②] Thomas J. Volgy, Renato Corbetta, Keith A. Grant and Ryan G. Baird, eds., "Major Powers and the Quest for Status in International Politics", New York: Palgrave Macmillan, 2011, p. 12.

[③] 秦亚青：《权力·制度·文化：国际关系理论与方法研究文集》，北京大学出版社2016年版，第134页。

[④] 秦亚青：《权力·制度·文化：国际关系理论与方法研究文集》，北京大学出版社2016年版，第135页。

第二章 构建新框架：不对称区域权力结构下的国家身份认知

国家身份的，不同身份的国家会有着不同的观念和因之产生的政策"。[1] 因此，当行为体对自我与他者关系中的国家身份认知形成后，国家身份的驱动力便会作用于行为体，驱动国家根据国家利益做出相应的对外决策。

关于国家身份对国家对外行为的驱动力，贺先青和林勇新在分析印度参与"印太战略"这一对外行为时，提出了"身份—行为"的理论框架，并指出国家多重身份对国家对外行为的影响作用。文章认为，国家根据其身份所产生的驱动力进行对外行为。在多重身份背景下，国家对其身份所产生的驱动力进行排序，并根据特定身份的使用场景选择主导的对外行为。[2]

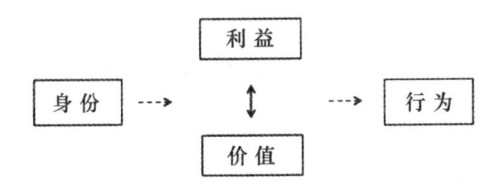

图 2-2 "身份—行为"关系理论分析框架

资料来源：贺先青、林勇新：《国家多重身份与对外行为——以印度参与"印太战略"为例》，《国际论坛》2019 年第 4 期，第 143 页。

由于国家身份是相对于他者存在的，因此，国家身份认知也存在于自我与他者的关系之中。行为体既有对自我的身份认知，也有对他者的身份认知。行为体对自我的国家身份认知较为清晰明确，

---

[1] 秦亚青：《权力·制度·文化：国际关系理论与方法研究文集》，北京大学出版社 2016 年版，第 351 页。

[2] 贺先青、林勇新：《国家多重身份与对外行为——以印度参与"印太战略"为例》，《国际论坛》2019 年第 4 期，第 136—154 页。

对他者的国家身份认知有时会存在一定的偏差和失误。在多数情况下，行为体对自我与他者身份的认知是与客观实际相符的。[①] 基于此，存在于"自我—他者"关系中的国家身份认知会出现多种情况，产生不同类型的双向认知组合。不同类型的双向认知组合会影响行为体做出不同的国家对外行为和决策。

假设行为体对国家身份的认知分为两个层面，即自我认知（A）和对他者认知（B）。在自我认知层面，行为体对身份的认知方向又分为两类：一是行为体的身份认知基本符合行为体的真实身份（A1），二是行为体的身份认知存在错误（A2）。[②] 同样，在对他者认知层面，行为体对他者身份的认知方向也分为两类：一是行为体的身份认知基本符合他者的真实身份（B1），二是行为体的身份认知存在错误（B2）。基于这四个方向，可将处于"自我—他者"关系中的国家身份认知与对外行为的互动关系进行组合分析。将四种方向进行排列组合，即自我认知基本符合且对他者认知基本正确（A1B1），自我认知基本符合但对他者认知存在错误（A1B2），自我认知存在错误但对他者认知基本符合（A2B1），自我认知存在错误且对他者认知存在错误（A2B2）。

当两个行为体处于 A1B1 身份认知状态下时，两者之间会理解和认同对方，行为体倾向于做出理性和正确的对外决策；当两个行为体处于 A1B2 或 A2B1 身份认知状态下，由于存在着对一方（自我或他者）的错误认知，行为体的对外决策会容易出现失误和偏差；当两个行为体处于 A2B2 身份认知状态下时，行为体此时对自我和他者

---

① 柳思思：《身份认知与不对称冲突》，《世界经济与政治》2011年第2期，第117页。

② 柳思思：《身份认知与不对称冲突》，《世界经济与政治》2011年第2期，第119页。

第二章 构建新框架：不对称区域权力结构下的国家身份认知

的身份认知都是错误的，其做出的对外决策将基于错误的身份认知而出现严重的判断失误。[1]

表2-1 "自我—他者"关系中的国家身份认知与对外行为互动关系组合

认知类型	认知状态	对外行为	互动结果
A1B1	基本正确	合理	合作
A1B2	略带偏差	失误	排斥、摩擦、矛盾
A2B1	略带偏差	失误	排斥、摩擦、矛盾
A2B2	严重错误	反常	冲突、战争

资料来源：笔者自制。

从四种认知类型可见，导致行为体出现对外行为失误的原因主要是至少一方的身份认知出现偏差或错误。因此，错误的身份认知通过作用于行为体的对外行为，进而影响行为体间的相互关系。

对于如何判断或界定认知状态，托马斯·沃基在社会认同理论的基础上，引入了身份认同的概念，并根据他者认知对其进行定义。他指出，一个国家的身份地位与其经济和军事能力相称的程度是区分国家与其身份地位是否相符的重要标准。[2] 据此，他提出关于身份/地位认知的三种类型，即符合、高于预期和低于预期，用以对大

---

[1] 本书的研究设定在双边互动关系之中，同时不排除在身份认知出现双向错误之下，仍然做出正确对外决策的极少情况。

[2] Thomas J. Volgy, Renato Corbetta, Keith A. Grant and Ryan G. Baird, eds., "Major Powers and the Quest for Status in International Politics", New York: Palgrave Macmillan, 2011, p. XII.

国地位与被其他国家赋予大国地位之间进行分析性区分。① 具体来讲，当一个国家被国际社会其他国家的决策者认为具有超强实力并愿意影响全球事务进程，且采取符合这种认知的行动时，该国被他者认为具有大国地位，与其身份符合；当大国地位归属与其能力和外交政策追求不同步时，或者各国不再授予其大国身份时，那么该国被认为与其身份不再一致。这里包含两种情况，一种是该国不再被授予大国地位后，表现出与大国地位相称的国家能力和意愿，滞后效应使他国对其身份认知高于预期；另一种是该国被他者认知成为潜在大国地位上给予过高赋值，但延迟效应使他者对其身份认知低于预期。

综合以上分析可见，认知是国家身份对国家对外行为产生影响作用的初始动作，国家身份认知的准确性直接影响着国家对外行为的结果。正确的国家身份认知会驱动国家行为体做出正向的对外行为；反之，错误（或存在偏差）的国家身份认知会驱动国家行为体做出失误的对外行为。正向的对外行为有利于促成合作，而失误的对外行为则引起矛盾与冲突，不利于合作的实现。当自我给定的身份与对方给定的身份出现认知上的"身份位差"时，就会存在出现安全困境的可能。② 可见，错误认知是导致国际关系中合作困难的主要原因之一。这种错误认知的产生源于不对称的结构环境。"不同结构位置的国家，行为也存在重大差异，正是这种结构性差异导致了

---

① Thomas J. Volgy, Renato Corbetta, Keith A. Grant and Ryan G. Baird, eds., "Major Powers and the Quest for Status in International Politics", New York: Palgrave Macmillan, 2011, pp. 6–7.

② 姜鹏、李书剑：《虚幻的不相容与想象的安全困境——权力转移进程中敌意身份的互主性建构》，《国际安全研究》2017年第1期，第49页。转引自朱翠萍、科林·弗林特：《"安全困境"与印度对华战略逻辑》，《当代亚太》2019年第6期，第36页。

错误知觉的产生。"①

三、不对等关注与错误身份认知

结合沃马克的不对称理论,在不对称权力结构的关系中,强国与弱国在对彼此国家身份认知后,会出现不对等关注。不对等关注实际上是错误身份认知的一种表现。从历史经验来看,国家实力的不对称性虽然不足以导致小国的过激行为,但给小国带来的心理落差是产生"错误身份认知"的一个根本原因。② 当弱国认同与感知到对方的国家身份比自身强大时,其心理落差会使弱国过度关注强国的国家身份及其行为,这会加剧弱国对强国的畏惧和怀疑心理,不利于强国与弱国的平等交往,会导致弱国因担心国家安全受到威胁而不愿与大国合作甚至产生冲突。对于强国来说,当强国认同与感知到对方的国家身份比自身弱小时,其容易忽视弱国的国家行为与利益诉求,常常按照自身国家利益与国家意志发展与弱国间的国家关系,导致弱国对强国产生误解与怀疑,同样不利于国家间的平等相处。可见,"错误认知会使强者因忽视弱者的感受而犯错,使弱者因过度关注强者的行为而犯错,错误认知会逐渐放大并产生危机"。③

---

① 林民旺:《沃马克的结构性错误知觉理论研究》,《国际政治研究》2009年第2期,第62页。

② 朱翠萍、科林·弗林特:《"安全困境"与印度对华战略逻辑》,《当代亚太》2019年第6期,第36页。

③ Brantly Womack, "China and Vietnam: The Politics of Asymmetry", New York: Cambridge University Press, 2006, p. 5.

基于上述分析，本书提出不对称区域权力结构下的国家身份认知分析框架。

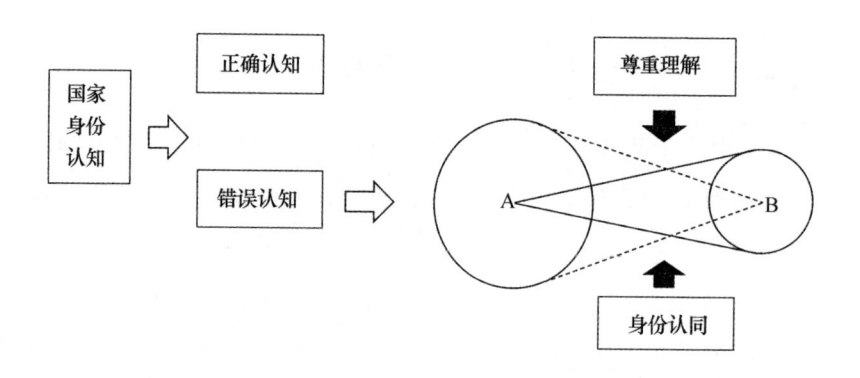

图 2-3　"国家身份认知"理论框架

资料来源：笔者自制。

在不对称区域权力结构关系下，强国与弱国对国家身份的认知可分为正确认知与错误认知。结合沃马克的不对称理论，从身份认知的角度来看，不对称关系下强国与弱国之间所形成的不对等关注实际上是一种错误身份认知的表现。这种不对等关注会以常态存在。该现象难以消除，但可以通过努力改善对彼此的关注角度，在接受不对称区域权力结构长久存在的前提下，加强彼此间的相互尊重与理解，增强对彼此国家身份的肯定与认同。这对于改善不对称关系下的国家身份认知偏差具有重要作用，有助于区域强国与弱国之间建立真正的信任，推动两者走向合作。

第二章 构建新框架：不对称区域权力结构下的国家身份认知 ◇

第三节 印度国家身份与南亚国家认知

一、区域强国与印度的地区国家身份

关于区域强国，秦亚青将其定义为"在某一区域内综合国力最强的国家"。① 想要成为区域强国需要满足一些基本条件。首先，在国家实力上具备突出优势。其次，能够在促进区域内政治、经济和文化相互联系和维护区域秩序稳定上提供有效的公共产品。最后，区域内其他国家对该国实力与能力的认同。纵观南亚，印度是唯一具备这些条件的国家，并以此为基础塑造着其地区国家身份。

据世界银行数据统计，截至 2022 年南亚地区人口总数为 19.2亿人，其中印度人口总数为 14.2 亿人，② 印度人口总数约占南亚人口总数的 3/4。印度庞大的人口基数和国土面积使其牢牢占据着南亚的中心位置。在地理、文化、经济、军事以及能源方面，印度也超越其他南亚国家处于南亚地区中心地位。印度凭借这些优势条件主导着南亚地区，并构建着以印度为中心的区域权力结构。总之，"印度以其庞大的地理、人口、资源规模以及悠久的历史文化底蕴，一

---

① 秦亚青：《权力·制度·文化：国际关系理论与方法研究文集》，北京大学出版社 2016 年版，第 324 页。
② "Data for South Asia, India", World Bank Data, https://data.worldbank.org/?locations=8S-IN.

直在谋取大国地位"。①

从南亚的地缘条件来看，印度在南亚享有得天独厚的地理位置。印度位于南亚次大陆的中心，占据着南亚大部分的陆地面积。除马尔代夫和斯里兰卡两个岛国外，孟加拉国、尼泊尔、不丹、巴基斯坦都与印度相接壤且互不相连，其中只有巴基斯坦与阿富汗彼此相邻。这种地理格局的分布为印度地区权力中心的形成提供了有利条件。南亚地理结构的独特性为印度建构其地区国家身份创造了条件。

在经济上，印度自独立以后高度重视经济建设，建立了较为完整的工业体系。根据世界银行数据显示，2022年南亚地区整体GDP为4.39万亿美元，其中印度GDP为3.42万亿美元，是其他六国总和的三倍之多，其经济规模约占南亚总体的78%。② 在军事上，印度的海陆空三军兵力充足，现役两艘航空母舰。在科技上，印度的软件技术、信息通信技术、生物医药技术以及原子能技术等都位居世界前列。在外交上，印度积极谋求联合国常任理事国的合法席位，以期实现印度真正成为世界性大国的"大国梦"。印度的各个方面都是其他南亚国家所无可比拟的，这些绝对优势使印度在南亚的地区国家身份得以确立和加强，使南亚形成了以印度为中心的权力结构状态。在这种不对称区域权力结构下，南亚区域合作的发展主要依靠印度与南亚其他国家间关系得以加强。

印度凭借其综合国力上的绝对优势占据着南亚地区的中心地位，并根据其国家意愿主导着南亚的区域发展，"印度的地区外交政策具

---

① 肖欢容主编：《国际关系学在中国》，中国传媒大学出版社2005年版，第172页。

② "South Asia", World Bank Data, https://data.worldbank.org.cn/?locations=8S-IN.

第二章　构建新框架：不对称区域权力结构下的国家身份认知

有国内政策的性质"。[1] 自尼赫鲁执政以来，印度制定的外交政策主要围绕三个原则，即主宰南亚次大陆，确立在亚洲的中心地位，争做世界大国。[2] 从印度的国家战略层面来看，自1947年独立以后，印度就确立了其国家战略，即确立在南亚地区的核心地位，控制印度洋，成为核大国，谋求"有声有色"的世界一流大国地位。[3] 从地区角度来看，尼赫鲁在处理与周边关系时，往往表现出民族主义和地区霸权主义。[4] 冷战时期，印度的南亚战略主要体现为三个方面：第一，南亚地区要以印度为主导；第二，南亚邻国必须承认印度的主导地位；第三，反对任何地区外部力量介入南亚地区事务。[5] 对自身地区国家身份的认知驱使着印度根据其国家利益与国家意志在南亚推行地区外交政策。

二、南亚国家对印度国家身份的认知

南亚国家对印度的地区国家身份构成了一种普遍认知。斯蒂芬·科亨曾指出，描述南亚地区的一种方法是"考察地区大国使用武力的度和另一个较小国家是否愿意接受这一干预。通过这一测定，

---

[1] [美] 斯蒂芬·科亨著，刘满贵等译：《大象和孔雀：解读印度大战略》，新华出版社2002年版，第265页。

[2] 肖欢容主编：《国际关系学在中国》，中国传媒大学出版社2005年版，第173页。

[3] 胡志勇：《文明的力量：印度崛起》，新华出版社2006年版，第5页。

[4] 张忠祥：《尼赫鲁外交研究》，中国社会科学出版社2002年版，第17页。

[5] 胡志勇：《冷战时期南亚国际关系》，新华出版社2009年版，第252页。

就可区分出统治、首席和霸权之间的差异。统治是高压政治的高级形式，是接受的低级形式；首席是相对于联合而言；而霸权则介于两者之间。印度把自己看作是居于首席的南亚国家，但在邻国的眼里，它更像一个地区霸主，甚至是地区的统治力量"。①

首先，印度版"门罗主义"使南亚其他国家深感受到印度主导地区的威慑力。印度在继承英国殖民统治的权力后，不容外部势力所染指，但自己却强势"指导"和插手南亚其他国家内政。在这一过程中，南亚其他国家对印度的地区国家身份认知逐渐形成。以不丹和斯里兰卡大选为例。2013年不丹大选前期，印度在不丹大选的关键时刻停止对不丹的家用煤气和柴油补贴，造成不丹国内卢比供应紧张，煤气与柴油价格上涨，制造了反对党用以攻击执政党的不利口实。虽然没有直接证据证明印度与不丹大选有着直接关联性，但此举达到了印度想要的结果，使不丹继续保持与印度的"特殊关系"。②对于斯里兰卡，据西方和斯里兰卡媒体报道，在2015年斯里兰卡总统大选期间，印度不仅煽动政府卫生部原部长、自由党总书记西里塞纳及多位国会议员"倒戈"，而且帮助反对派团队制定总统竞选策略，并通过对斯泰米尔人政党的影响帮助"亲印度和西方"的西里塞纳争取选票。③印度对南亚国家政局的干涉使南亚国家过度关注于印度的地区国家身份及其国家行为，这直接引发它们对印度的畏惧心理和不信任感，从根本上破坏了国家间的信任与合作基础。

---

① ［美］斯蒂芬·科亨著，刘满贵等译：《大象和孔雀：解读印度大战略》，新华出版社2002年版，第265页。

② 杜敏、李泉：《不丹2018年大选：特点、原因与未来走向》，《南亚研究季刊》2018年第4期，第98页。

③ 李卓成：《大选后斯里兰卡外交政策的调整及影响》，《南亚研究季刊》2015年第3期，第19页。

第二章　构建新框架：不对称区域权力结构下的国家身份认知

其次，印巴争端的政治现实再次印证了印度的地区国家身份，这不仅使巴基斯坦而且使南亚其他国家对印度的地区国家身份产生了新的认知。新的身份认知也再次扩大了南亚其他国家与印度间的不对等关注，加重了南亚其他国家对印度国家身份的畏惧和担忧。在国家实力差距和国家身份认知所带来的不安全感下，南亚国家的地区认同和凝聚力受到严重影响，国家间关系趋于矛盾与失衡。

再次，印度核试爆成功后，南亚其他国家又进一步刷新对印度地区国家身份的认知。从国家身份认知角度来看，当一方国家行为出现异常表现时，另一方往往会基于对他者国家身份的过度关注和认知偏差而对其行为产生误解。以印巴两国为例，对同样拥有核武器的巴基斯坦来说，在与印度的双向身份认知过程中，印巴双方都过于关注和警惕彼此的国家身份，并以怀疑眼光看待对方的国家行为。这种过度关注所导致的认知偏差是错误身份认知的具体表现。

最后，印度凭借其地区国家身份与南亚其他国家建立了失衡的"相互依存"关系。通过经济渗透与援助、外交政策指导与影响、军事垄断与控制等手段，印度使南亚其他国家对其产生不同程度的依赖性。这种不对等的特殊关系导致南亚其他国家对印度地区国家身份驱动下的国家行为产生不满情绪。但由于国家实力差距悬殊，南亚其他国家只能被迫听从印度的"指导"，以保证国家的生存发展与安全，在本就不对等的国家间关系中加重了南亚国家的不安全感，扩大了南亚国家安全需求的不对称性。

在自我国家身份认知过程中，印度逐渐形成了多重身份认知，如地区强权国家、拥核国家、新兴国家和民主国家等。[1] 在与南亚邻

---

[1] Cameron G. Thies and Mark David Nieman, "Rising Powers and Foreign Policy Revisionism: Understanding BRICS Identity and Behavior Through Time", Ann Arbor: University of Michigan Press, 2018, p. 110.

国的交往中，印度会在地区国家身份的驱动下发展与南亚其他国家的国家间关系，其目的之一在于加强和巩固自身在南亚的中心主导地位。通过国家间的交往与互动，印度的地区国家身份又再次被建构与加深认知。同时，在双向国家身份认知的关系下，印度对南亚其他国家的国家身份认知则常常出现失误与偏差，与南亚国家间形成不对等关注，忽视这些国家的国家身份与利益诉求。这直接造成这些国家出现心理落差和不满情绪，严重影响了南亚国家间合作的基础与条件。比如，在地区国家身份驱使下，印度时常忽视南亚其他国家对于安全的真实需求，单方面根据本国利益与意志对南亚其他国家的国家事务加以干涉。在不对等关注下，南亚其他国家对印度的国家身份及其国家行为产生着深度不信任感和畏惧心理，从根本上破坏了南亚国家间实现合作的安全基础，直接影响着南亚区域合作发展的内在动力。

小　结

本章试图构建不对称区域权力结构下的国家身份认知分析框架。国家身份作为一项重要的背景性因素，在分析国家对外行为时往往被忽视或隐藏。这主要是由于有些国家的国家身份并不突出。对于印度来讲，其在南亚的中心地位是南亚最主要的地区特征，地区国家身份呼之欲出。因此，从国家身份入手分析印度的对外行为是一种关键视角。基于印度在南亚的优势地位特点，在对南亚区域合作进行研究时，应以印度为中心而展开。获得地区权力和地区身

第二章 构建新框架：不对称区域权力结构下的国家身份认知 ◇

份认同一直都是印度国家性格中的执念。印度在南亚的国家身份塑造是其国家发展目标的持久追求，努力获得其他南亚国家对其国家身份的认同则是印度对外行为的重要准则之一。从这方面来看，国家身份是影响印度对外行为的重要背景因素。

不对等关注的内容与对象来源于国家身份，对国家身份的认知是形成不对等关注的关键动作和重要前提。

第三章

南亚区域合作的历史演进

第一节 南亚区域合作发展阶段

一、南亚区域合作的发展阶段

随着二战的结束,南亚区域合作悄然萌芽,于20世纪80年代起步并发展至今,逐渐形成了以南盟和次区域合作组织并行发展的区域一体化合作机制。但与其他地区的区域合作发展进程和成就相比,南亚区域合作发展显得尤为缓慢。发展环境和发展条件不佳,障碍性问题突出且不易调和,这些均导致南亚成为世界上推进区域一体化相对困难的地区之一。

回顾南亚区域合作的发展进程,大致可以分为三个发展阶段。

(一)萌芽阶段

印巴分治是二战结束留给南亚次大陆最大的"遗产"。自印度和巴基斯坦独立以来，两国因诸多问题始终处于对峙状态，甚至引发战争。持续的战火和硝烟使南亚地区并不具备发展区域合作的整体环境和现实条件，但外生因素干扰和内生动力需求的双重作用终究促使南亚开启了区域主义的具体实践。

冷战背景的影响和非殖民化运动的发展是推动南亚区域合作得以形成的主要外生因素干扰。一方面，在冷战背景下，以美苏为首的东西方阵营在世界范围内展开斗争。极具战略价值的南亚成为美苏争斗的"竞技场"，印度与巴基斯坦之间的矛盾则是美苏两极竞争利用的工具。两大阵营在南亚地区的权力较量使南亚各国的发展受到严重影响。另一方面，为了战后能够继续维持在南亚以及东南亚地区的诸多利益，英联邦国家于1950年1月在斯里兰卡的科伦坡举行会晤以讨论亚洲社会经济发展问题，并出台了"科伦坡计划"。[①] 该计划旨在通过资金和技术援助加强南亚以及东南亚地区的经济合作发展，但其根本目的则在于保存和巩固英国在该地区的势力影响。这使得南亚各国依旧难以彻底摆脱英国的控制。面对这些外生因素干扰，印度通过在南亚地区展开非殖民化运动，唤醒了南亚各国人民的主权意识和民族意识。与此同时，印度在与中国共同倡导和平共处五项原则、发起亚非会议以及召开万隆会议中均发挥了至关重要的作用。南亚各国由此广泛受益，国家独立意识迅速增强。这些都为南亚区域合作的形成和发展奠定了重要基础。

内生动力需求主要来自于两个层面。一方面，印度出于自身利益的考虑，为巩固战后在南亚大陆上的中心领导地位，进一步加

---

① Heather Whiteside, "Canada's Reluctant Acceptance of the Colombo Plan for Co-operative Economic Development in South and Southeast Asia", Waterloo Historical Review, Vol. 7, 2015, p. 1.

强对南亚其他国家的干涉,在地区国家身份驱使下,其国家意愿和国家行为成为南亚区域合作得以萌芽的重要力量来源。另一方面,南亚其他国家出于国家安全和发展的内生动力需求,迫切希望建立一个能够抵御外生因素干扰,共同分担风险和带动国家整体发展的区域内合作平台。因此,基于外生因素干扰和内生动力需求的双重作用,南亚区域合作获得了早期发展的根本动力。对于如何定性南亚区域合作是内生动力需求的结果还是外生因素干扰的必然,本书认为两方面的动力因素都起到了关键性作用。内生动力需求的产生离不开外生因素干扰的影响,外生因素干扰则需要以内生动力需求为依托而发挥作用。因此,南亚区域合作的形成与发展既是客观所致,也是历史的必然。

南亚区域合作的早期雏形来自于印度与周边国家的"特殊关系"。尼泊尔、不丹和锡金是围绕在印度周边的三个南亚内陆国家。独立后的印度一直试图将这三个国家纳入其本国的经济、军事和外交体系之中。由于国家实力上的悬殊差距,在相当长的历史时期内,尼泊尔、不丹和锡金这三个国家在经济、外交和军事等诸多方面接受着印度的"指导",与其保持着一种特殊的依赖关系。通过签署一系列条约与印度建立"合作"关系。这种"合作"形态反映出萌芽时期的南亚区域合作带有明显不平等的强制性。而这种强制性却从客观上加强了南亚国家间的交往与合作,增强了国家间的联系度与紧密度,为南亚区域合作的日后发展奠定了基础。

1971年东巴基斯坦的独立(1972年正式成立孟加拉人民共和国)进一步为南亚区域合作雏形的扩大创造了有利的政治环境。孟加拉国的独立不仅改变了南亚地区内的权力结构分布,同时客观上使长期处于紧张对峙状态的南亚次大陆局势得到了相对缓和。

它的诞生为南亚区域合作提供了一个关键性的"中等国家",使南亚地区的权力分配有利于区域合作的发展。①

这一阶段,印度与尼泊尔、不丹和锡金的"合作",是南亚区域合作的早期萌芽。但它们之间的"合作"关系具有明显的不平等性,这为之后南亚区域合作的推进和发展带来了阻碍。

(二) 起步与停滞阶段

在 20 世纪 70 年代末之前,南亚地区仍没有正式的区域性合作组织成立。但此时,随着欧洲早期区域一体化的兴起,世界上其他地区的区域合作组织已经开始迅速发展并初具规模,如欧洲经济共同体、中美洲共同市场、拉丁美洲自由贸易协会、东非经济共同体等相继成立。世界范围内的区域一体化发展形势给予南亚各国极大触动,这也成为南亚区域合作得以起步的推动因素之一。

此时的国际经济环境也成为南亚区域合作起步发展的重要催化剂。1973 年第一次石油危机爆发使世界经济环境受到巨大冲击,加深了世界性的经济危机。在全球经济受到重创的大背景下,主要依赖茶叶、黄麻、棉花和小麦等农业作物出口的南亚经济②也受到严重影响。其中,主要影响之一就是导致南亚各国的长期外债持续增加。如何摆脱经济困境与改善经济环境成为南亚各国的一致目标,而成立一个南亚地区的区域性合作组织,以区域整体力量带动经济发展则是南亚其他国家的集体诉求。1980 年孟加拉国总统齐亚·拉赫曼首先提出成立南亚区域合作组织的倡议。1985

---

① 曹峰毓、王涛:《南亚区域合作的历程、成效及挑战》,《太平洋学报》2017 年第 10 期,第 76 页。

② Nawal K. Paswan, "Agricultural Trade in South Asia: Potential and Policy Options", New Delhi: Efficient Offset Printers, 2003, p. 38.

年12月，在第一届南盟首脑会议上，南亚七国领导人共同签署了《南亚区域合作宣言》和《南盟宪章》，南盟正式成立。

南盟的成立是南亚区域合作发展进程中的里程碑事件。南盟合作议题设置丰富，且根据南亚国家间关系的特殊性，决定将农业、卫生和人口控制、交通、旅游和科技合作等作为组织实现合作的重点内容，弱化存在矛盾和争议的政治、经济与安全三大关键领域的议题讨论。进入20世纪90年代以后，在全球化浪潮的席卷下，区域经济一体化成为地区经济发展的主流趋势和重要途径。在此背景下，南盟也逐渐将经济合作上升为区域组织讨论的重要议题。1993年7月《南亚特惠贸易安排》的签署标志着南亚区域经济合作取得实质性的进展。

在南盟机制初见成效之下，印度还积极参与和推进有利于南亚发展多层次区域合作的次区域合作机制。比如1997年在南盟框架下成立的"南亚增长四角"，其主要成员国包括孟加拉国、印度、尼泊尔和不丹四国。[1] 同年6月"孟印斯泰经济合作组织"成立，12月再次吸收缅甸为成员国，形成了"孟印斯缅泰经济合作组织"，已成为当前在南亚地区最为活跃的次区域合作组织，即"环孟加拉湾多领域经济技术合作倡议"（以下简称"环孟倡议"）组织。

但由于受到长期对峙的印巴矛盾影响，导致南盟在最初错失了发展政治、经济和安全领域议题的机会。这些领域的问题是南亚国家最为关心和期待解决的，南盟却回而避之，没有发挥其应有的促进合作和一体化的实际作用，这为后来南盟发展的滞后与组

---

[1] Amita Batra, "Regional Economic Integration in South Asia: Trapped in Conflict?", London and New York: Routledge, 2013, p. 72.

织功能失效埋下了种子。

自南盟成立以来，尽管南亚各国都寄希望于该组织可以解决南亚大陆的诸多问题，但其成绩始终平平，区域一体化进程更是缓慢不前。随着印巴两国相继完成核试验，南亚地区紧张局势再次加剧。两国具有针对性的大规模军演和时而在克什米尔地区爆发的武装冲突使本就脆弱的区域合作基础遭到严重破坏，导致刚刚完成起步准备蓄势发展的南亚区域合作很快陷入停滞状态。时至今日，印巴之间的深刻矛盾仍然是南亚区域合作难以推进的主要障碍。

（三）再发展阶段

进入 21 世纪，随着全球化趋势的不断加深，区域间的联系变得更加紧密而复杂，地区内部的各方面形势也发生着重大变化。南亚地区局势的巨大转变使南亚区域合作在地区形势的深刻变动中开始重新寻找生机。

南亚区域合作的再发展需要新的条件与动力。一方面，域外力量因素是推动南亚区域合作进入这一发展阶段的新条件。2001 年阿富汗战争的爆发使美国作为一支强势的域外力量深入涉足南亚。美国的介入使印巴关系的天平发生了倾斜。美国对印度和巴基斯坦采取了平衡政策，开始强调巴基斯坦在反恐战争中的作用，动摇了印度在南亚的领导地位。[1] 印度感到坚持对巴基斯坦的强硬态度和长期对峙并不利于自身在南亚的地位巩固与发展。为此，在美国的影响力下，印度逐渐在克什米尔问题上转变了对巴基斯坦

---

[1] 曹峰毓、王涛：《南亚区域合作的历程、成效及挑战》，《太平洋学报》2017 年第 10 期，第 78 页。

的立场。印度与巴基斯坦在克什米尔问题上的关系缓和为南亚区域合作的再发展创造了可能。另一方面，核军备竞赛的负面影响使印巴两国不堪重负，两国都期望通过合作打破困局。处于国家发展上升期的印度更加希望拥有一个和平稳定的周边环境以保证国家的建设与发展。巴基斯坦也认识到自身与印度在国家实力上不断扩大的明显差距，挑战印度只会使自身增加新的负担。因此，在美国的介入和印巴两国权衡反思的内外作用下，南亚区域合作重新获得了再发展的基础与条件。

  2004年第十二届南盟首脑会议是南亚区域合作发展史上的又一重要事件，其标志着处于停滞的南亚区域合作得以重启。会上签署和通过了多个重要文件，如经贸合作方面的《南亚自由贸易协定框架条约》，非传统安全方面的《南盟打击恐怖主义公约附加议定书》以及社会发展方面的《南亚社会宪章》等。这些文件为南亚区域合作的机制化建设奠定了重要基础。此外，能源合作在这一阶段开始受到更多重视。2005年11月，第十三届南盟首脑会议决定成立南盟能源中心，并配置多重渠道的交流机制以促进多方位的能源合作。

  在此阶段，南亚区域合作的另一个突出成就为次区域合作机制的进一步整合与升级。首先，亚洲开发银行在"南亚增长四角"次区域合作组织框架下，进一步实施"南亚次区域经济合作项目"，同时合作成员不断扩充，马尔代夫和斯里兰卡的加入使该组织形成了一个新的以印度为中心的次区域合作平台。该合作项目旨在促进区域繁荣，改善经济环境，并为该次区域人民提高生活质量，在促进南亚区域内贸易与合作的同时，发展与东南亚的互联互通。① 推动交通与贸易领域的发展，同时促进多边能源合作。其次，扩员后的"环孟倡议"组织已成为环孟加拉湾地区最大的次区域多边区域合作机制，是联结和推动南亚与东南亚国家发展的重要桥梁。

总之，再发展阶段的南亚区域合作组织呈现出多层次和多领域的总体发展态势。南亚区域合作与次区域合作交叠进行：一方面，增加了南亚国家间交流合作的机会，提高了国家间关系的联系度与紧密度；另一方面，拓宽了南亚区域合作的议题与领域，从基础设施建设、农业、旅游、卫生等民生领域逐步拓展到经济、能源、非传统安全等高级政治领域，为南亚区域合作的持续发展提供了基础动力。

第二节　南亚区域合作联盟建制

卡尔·多伊奇曾对"区域性组织"做过一段描述：它是"特定性国际组织，其范围通常限于一个被含糊地称为'区域'的东西，亦即限于因在地理、文化或历史上的一些联系，或因经济和财政关系，或因政治上的开明和社会制度相似，或由于所有这些因素的综合而联合起来的少数几个国家"。② 南盟就是南亚地区重

---

① "South Asia Subregional Economic Cooperation (SASEC)", Asian Development Bank, https://www.adb.org/countries/subregional-programs/sasec.

② [美] 卡尔·多伊奇著，周启朋等译：《国际关系分析》，世界知识出版社1992年版，第304页。

要的特定性国际组织,是南亚区域合作的阶段性成果。

一、南盟的成立

南盟的成立是南亚各国为求国家生存与发展的内在需求所推动的结果。南亚其他国家主要基于安全需求,印度主要基于国家建设需求,其中以南亚其他国家的夙愿最为强烈。

1980年11月,孟加拉国首先提出关于南亚区域合作的建议。1983年8月,首次南亚七国外长会议在新德里举行,并通过《区域合作联合行动纲领》。可以说,孟加拉国的提议代表了南亚其他国家长期以来的共同心声,斯里兰卡、尼泊尔、马尔代夫以及不丹都纷纷表示支持。它们不仅渴望在南亚建立一个应对危机和分担风险的合作平台,更主要的是希望借助南盟获得一直以来想要与印度进行平等对话的国家身份,以此解决与印度之间无法凭借自身能力处理的双边问题。

1985年12月6日至8日,南亚七国领导人在孟加拉国首都达卡举行会晤,共同商议关于加强南亚区域合作以及成立南盟的诸多事宜。此次会议一致通过了《南亚区域合作宣言》和《南盟宪章》,并正式宣布成立南盟。此时,刚出任印度总理的拉吉夫·甘地一改此前印度对于成立南盟的冷淡态度,转而积极参与此次南亚国家的集体行动,试图以此改善与南亚邻国间的国家关系,这成为南盟得以成立的关键所在。

二、《南盟宪章》的目标宗旨与基本原则

作为冷战后南亚出现的第一个区域性组织，南盟的成立之于南亚地区、南亚国家以及南亚人民都具有十分重要的意义。它不仅推动了南亚整体的区域合作进程，同时也促进了南亚各国在经济、社会、文化和科学技术领域的相互合作。更重要的是，该组织将发展南亚各国经济，提高南亚各国人民的生活水平作为其根本的目标与宗旨。

《南盟宪章》明确了进行南亚区域合作的八个目标宗旨：（1）促进南亚各国人民的福祉并改善其生活质量；（2）加速区域内经济增长、社会进步和文化发展，为每个人提供过上体面生活和实现全部潜能的机会；（3）促进和加强南亚国家集体自力更生；（4）促进相互信任和理解及对彼此问题的了解；（5）促进经济、社会、文化、技术和科学领域的积极合作和相互支持；（6）加强与其他发展中国家合作；（7）在国际场合就共同关心的问题加强合作；（8）与具有类似目标和目的的国际和区域组织进行合作。①

从目标宗旨中可以看出，南盟的重点首先在于以区域合作改善南亚地区的经济与社会发展状况。一方面，通过促进区域内合作，加强南亚各国间的沟通与协调，实现区域内信息与技术的交流共享，摆脱对外部市场的过度依赖，提高区域内国家间的经贸往来，改善南亚地区整体的经济发展环境。另一方面，通过加强南盟与域外国家或国际组织间的合作，拓展南亚区域合作的内容与形式，

---

① "About SAARC", SAARC, http://saarc-sec.org/about-saarc.

以经济发展带动南亚各国的社会进步，从而最终实现南亚各国人民生活福祉的改善与提高。尽管经济与社会问题是《南盟宪章》关注的主要目标，但"《南盟宪章》也具有重要的政治意义，定期的首脑会议为各国之间建立信任创造了环境"。[1]

关于指导南盟工作的基本原则，主要包括以下五点：（1）协商一致；（2）不审议双边和有争议的问题；（3）尊重主权平等、领土完整、政治独立，不干涉别国内政和互惠互利；（4）不取代双边和多边合作，而是对其进行补充；（5）不与双边和多边义务相抵触。[2] 这些基本原则的确定来自于多方面考虑，其中主要的影响因素之一就在于印度与南亚其他国家在国家身份上的差距。

南亚其他国家积极成立该组织的初衷之一是想要获得与印度进行平等对话的身份与地位。但实际上，印度的地区国家身份在新的制度框架下并没有被削弱或得到相应的约束，相反，其地区国家身份驱使下的主导力更加突显。在对彼此的国家身份形成了不对等关注作用下，南亚其他国家普遍担心印度会对其国家利益造成新的威胁，印度则始终对南亚其他国家成立该组织的原始动机保持着潜在顾虑。因此，《南盟宪章》中所规定的部分基本原则，一方面是为了约束印度的强权外溢，消除南亚其他国家对国家领土和主权受到威胁等政治问题的诸多疑虑；另一方面则是为了维护印度自身的国家利益，回避存在争议和矛盾的问题领域，避免南亚其他国家通过南盟机制对其进行联合制衡。

---

[1] Haider A. Khan and Zulfiqar Larik, "Globalization and Regional Co-operation in South Asia: A Political and Social Economy Approach", CIRJE Discussion Papers, 2007, p. 26.

[2] 《南亚区域合作联盟》，外交部网站，https://www.fmprc.gov.cn/web/gjhdq_676201/gjhdqzz_681964/lhg_682662/jbqk_682664/。

第三章　南亚区域合作的历史演进 ◇

三、南盟的机构设置

关于南盟的组织机构，主要包括首脑会议、部长理事会、常务委员会、技术委员会和秘书处五大职能部门。首脑会议是南盟的最高权力机关，参加者为各国元首和政府首脑，原则上每年召开一次；部长理事会由各成员国外交部长组成，主要负责制定政策、研究区域合作的进展与发展新的合作领域；常务委员会由成员国外交秘书组成，主要负责区域合作的协调检查工作；技术委员会主要负责各种专门领域的合作事项；秘书处为南盟的常设办事机构，设立在尼泊尔首都加德满都，主要负责南盟会务、成员国间的交流合作以及南盟与其他国际组织间交流合作等协调统筹工作。

《南盟宪章》中的目标宗旨、基本原则以及现有的机构设置使得南盟自 1985 年成立至今已走过几十载。但由于南亚地区的特殊性以及南盟制度设计上的先天缺陷，导致南盟在实际运行时出现了很多问题和阻碍，从最初的美好蓝图发展至今天的困境重重。虽然南亚区域合作在南盟框架下有所前进，但总体态势却缓慢而曲折。不可否认的是，南盟的成立是南亚区域合作发展进程中的关键一环，南盟的作用与价值也是其他次区域组织所不能替代的。

第三节 南亚区域合作总体成效

一、南亚区域合作主要成就

自南盟成立以来，南亚区域合作的发展态势可谓"高开低走"，在其前进发展的过程中充满了困难与曲折。南盟是南亚区域合作最重要的发展平台，南亚区域合作的实践主要在南盟框架下展开。因此，南亚区域合作的发展成果集中体现在南盟所取得的合作成效上。尽管发展相对缓慢，但南盟仍通过不同规模、不同层次和不同议题的会议增进了南亚各国间的沟通与了解，加强了彼此间的理解与信任，并在经贸、农业、卫生和人口等领域的合作中取得了一定成就。

首先，签署并实施《南亚特惠贸易安排协定》。该协定于1995年12月8日正式执行，旨在以分步推进的方式，通过区域内的减让交换促进和维持双边经贸合作。① 经过几轮贸易谈判，南盟成员国共削减数千种商品的关税。尽管减让关税的商品多为贸易量较小的商品，但这一举措仍然有助于拉动南亚区域内的贸易发展，有利于促进区域内贸易总量的提升。

其次，建立南亚自由贸易区。1997年第九届南盟首脑会议提

---

① Seekkuwa Wasam Hirantha, "From SAPTA to SAFTA: Gravity Analysis of South Asian Free Trade", Paper presented at the European Trade Study Group (ETSG) Programme, 2004, p. 2.

出建立南亚自由贸易区。建立该组织的宗旨是，"促进和加强南亚地区各国的双边和多边自由经贸合作；取消缔约国之间的贸易壁垒；为南亚地区各国开展自由贸易和进行公平竞争创造条件，保证所有缔约国获得均等利益，同时要兼顾不同国家的经济发展水平，对弱势国家给予适当的照顾；为进一步开展南亚区域经济合作奠定基础，扩大和加强各缔约国的共同利益"。[1] 2004年南亚七国签署了《南亚自由贸易区框架协议》，并于2006年正式生效。[2] 协议要求南盟成员国自2006年起逐渐降低区域内关税，消除非关税壁垒，实施贸易和投资便利化措施；至2016年全面实现减免税，以此促进南亚区域内经贸合作与发展。2008年2月1日起，阿富汗也加入该区域经济组织，成为第八个成员国。尽管建设过程面临着多重困难，但南亚自由贸易区的建立是南亚国家共同努力的结果，是推动南亚区域合作的重要实践。

再次，南亚各国在南盟框架下就消除贫困、教育卫生、交通通信、农业、旅游、打击恐怖主义、生态环境等领域展开多方面合作，并依照合作内容的不同达成多项有关协议与合作文件。

最后，鼓励成员国在南盟框架下开展次区域合作。成立于1997年的"南亚增长四角"次区域合作组织，将印度、孟加拉国、尼泊尔和不丹四个成员国紧密地联系在一起，旨在通过加强基础设施建设，如对自然资源开发与利用、交通运输、信息通信以及能源开发与运输等特定项目的次区域合作，带动南亚整体经

---

[1] 陈继东、晏世经等：《巴基斯坦对外关系研究》，巴蜀书社2017年版，第199—120页。

[2] Seekkuwa Wasam Hirantha, "From SAPTA to SAFTA: Gravity Analysis of South Asian Free Trade", Paper presented at the European Trade Study Group (ETSG) Programme, 2004, p. 1.

济合作的有效发展。2001年亚洲开发银行设立"南亚次区域经济合作项目",为"南亚增长四角"的发展提供专项资金支持,并将交通、贸易便利化和能源合作定为优先资助领域。① 2015年6月,四国签署《孟不印尼机动车辆协议》,旨在加强四国间的旅客和货物运输互联互通。②

但由于南盟在成立之初忽视了推动经济合作领域内的制度化建设,使得南盟最期待解决的目标反而成为其推进最缓慢的部分,导致区域经贸合作在南亚区域合作中始终落后于其他领域。尽管该领域也取得了一定成果,比如促进南亚国家间实现关税的削减和降低,但相比其他地区同类型区域组织在区域经贸合作中的突出表现,南盟的成果十分有限。

二、南亚区域合作主要问题

尽管在南盟框架下南亚区域合作取得了一定成就,但相比其他地区区域主义实践的丰硕成果,该地区的区域合作发展则显得十分缓慢。南盟成员国间在合作上呈现出不配合、质量差和效率低等表现,导致南盟出现功能失调和机制失效,使南亚区域合作总体上陷入发展缓慢与滞后的艰难困境。

---

① "South Asia Subregional Economic Cooperation (SASEC)", Asian Development Bank, https://www.adb.org/countries/subregional-programs/sasec.
② 《孟不印尼四国机动车协议生效面临新困难》,商务部网站,http://www.mofcom.gov.cn/article/i/jyjl/j/201805/20180502747430.shtml。

（一）合作项目推进缓慢

自南盟成立以来，资源短缺一直是其面临的一大难题。而其成员国并不愿意为解决此难题做出努力。① 南盟成员国普遍处于经济不发达状态，各国更希望将有限的人力、物力和财力用于本国的发展，而不愿将其贡献给南盟。由于资金、人员、技术和物资等方面都存在严重短缺，南盟框架下的合作项目在实施与执行过程中常常遇到诸多困难与障碍，合作项目因此难以推进。除非南盟有从外部调动资金和技术的渠道，否则它的大部分项目都将无法执行。②

（二）低层次领域合作多于高层次领域合作

在南盟框架下，各成员国主要集中在农业、旅游以及人口活动等低层次领域开展合作。对于能源开发与利用、消除贫困、反毒品和反恐怖主义，这些南亚地区最亟需解决的经济、政治与安全等高层次领域的实质性合作却十分缺乏和困难。以这样的合作范围与合作力度来讲，南盟将在很长一段时间内持续这种缓慢滞后的发展状态，这距离实现该组织的目标宗旨有较大差距。

（三）执行力不足

南盟通过首脑会议、部长理事会以及一些专门委员会和机构形

---

① Haider A. Khan and Zulfiqar Larik, "Globalization and Regional Co-operation in South Asia: A Political and Social Economy Approach", CIRJE Discussion Papers, 2007, p. 27.

② Muhammad Jamshed Iqbal, "SAARC: Origin, Growth, Potential and Achievements", Pakistan Journal of History & Culture, Vol. 27, No. 2, 2006, p. 134.

成了大量的文件、协定和宣言，但这些文书中的很多内容却未得到真正的有效落实与执行。大多数文书形同于口头协议，其实施效率和转化效果都相对偏低，基本流于空谈。

（四）南盟首脑会议运行不畅

南盟首脑会议是南盟最高的权力机关。[①] 按照规定，首脑会议应每年召开一次。但自南盟成立至今，南盟首脑会议只召开过18次。南盟首脑会议的运行不畅和屡遭阻断，使南盟制度的约束力遭到破坏和削弱，严重影响了南盟的正常运行与发展。

小　结

本章是对南亚区域合作的历史演进和发展成效的梳理与分析。通过梳理南亚区域合作的发展历程，发现萌芽阶段的区域合作产生于印度与尼泊尔、不丹以及锡金之间的特殊关系中。但这一阶段的合作中带有明显的不平等性，为后来南亚区域合作造成了障碍。南盟的成立是南亚区域合作的重要成果，其标志着南亚区域合作的正式起步并走向机制化发展。但由于南盟内存在着南亚地区突出的印巴矛盾，两国长期冲突与对峙很快导致南亚区域合作进入了停滞阶段，使本就脆弱的区域合作基础遭到破坏。随着全球化趋势的不断加深，区域间联系也变得更加紧密与复杂。在地

[①] Muhammad Jamshed Iqbal, "SAARC: Origin, Growth, Potential and Achievements", Pakistan Journal of History & Culture, Vol. 27, No. 2, 2006, p. 135.

区形势的变动中，南亚区域合作重新找到了生机并进入再发展阶段。在这一阶段，南亚区域合作组织呈现出多层次和多领域的总体特点。南亚整体区域合作与次区域合作交叠进行，既提高了国家间关系的联系度与紧密度，也拓宽了区域合作的议题与领域，为南亚区域合作的持续发展增添了动力。

通过对南亚区域合作发展成效的分析，发现自 1985 年南盟成立以来，南亚区域合作态势呈现"高开低走"。尽管在发展进程中南亚区域合作取得了一定成就，但总体发展仍然缓慢。在南盟框架下成员国合作中的不配合、质量差和效率低导致南盟出现功能失调，使南亚区域合作从总体上陷入发展缓慢与滞后的困境。合作项目推进缓慢，低层次领域合作多于高层次领域合作，项目执行力不足以及南盟首脑会议运行不畅等均是南亚区域合作发展缓慢的具体表现。

第四章

南亚区域合作的影响因素

第一节　南亚国家间的不对称关系

印度与南亚其他国家在国家实力上的悬殊差距使南亚地区内形成了不对称权力结构。以印度为中心是南亚国际关系的主要特征，基于国家间关系的不对称性程度，可将南亚国家间关系分为两部分，一部分是印度与巴基斯坦的关系，另一部分是印度与其他邻国间的关系。

自独立以后，印度通过对英国殖民统治权力的继承，顺势将南亚一些国家纳入其国家安全体系之中，并以此为基础加强了自身在南亚的地区主导地位。冷战期间，为了进一步确立地区中心地位，印度以尼赫鲁的不结盟政策、英迪拉·甘地的现实主义外交和拉吉夫·甘地的睦邻友好外交作为其发展与南亚邻国关系的基本对外政策。在这样的外交政策作用下，印度既以强硬姿态将南亚视为其势力范围，不容外部力量所染指，同时又以灵活平衡的外交策略发展与南亚一些国家的睦邻友好关系。这为其发展以印度为中心的南亚国家间关系奠定了扎实的根基。

然而,印度以此方式处理南亚国家间关系实际上并不利于南亚建立和平稳定的区域秩序。印度不容域外力量干涉南亚,但自己却强势"指导"并插手南亚其他国家内政,这种做法使南亚国家间关系频频紧张。特别是,"印度造成巴基斯坦分裂的混乱使南亚每个国家都对他国产生了不信任感"。[1] 印度地区国家身份驱使下的国家行为引发了南亚国家不信任感的产生,加剧着南亚国家对印度地区国家身份的主观认知。这种身份认知引起南亚国家对印度国家身份的过度关注,使其产生不安全感和畏惧心理,扩大了双方对国家生存与安全的需求差异,从根本上破坏了国家间的信任基础,一方面导致南亚其他国家与印度之间出现大大小小的矛盾,另一方面使南亚一些国家被迫依赖印度以求发展。可以说,印度对南亚一些国家实施所谓"睦邻友好"政策的目的实际上是在构建一种不对等的国家间关系。这些不利于南亚国家间的和平与合作,以印度为中心的南亚国家间关系中的矛盾与失衡,构成了影响南亚区域合作发展的主要障碍。

一、印度与巴基斯坦的关系

1947年英国公布"蒙巴顿方案",实行印巴分治。因两国在民族、宗教和领土问题上的纷争不断,导致印巴矛盾日益沉积,逐

---

[1] Haider A. Khan and Zulfiqar Larik, "Globalization and Regional Co-operation in South Asia: A Political and Social Economy Approach", CIRJE Discussion Papers, 2007, p. 23.

渐演变成南亚最为棘手的地区问题。这也成为南亚区域合作发展滞后的主要症结所在。

（一）两国关系发展问题

1. 克什米尔问题

克什米尔问题是英国殖民主义亲手炮制的产物。克什米尔问题引发了1947年9月的第一次印巴战争。1948年1月印度和巴基斯坦将查谟和克什米尔地区争端报告递交联合国，两国同意由联合国印度和巴基斯坦委员会调查和调解这一争端。[①] 最终调解结果为通过一项决议，分三个阶段解决克什米尔问题，即停火、非军事化和公民投票。根据该决议案，印度和巴基斯坦于1949年1月1日实现停火。同年7月两国在巴基斯坦的卡拉奇签订协议并划定停火线。

克什米尔问题使印度和巴基斯坦从一开始就陷入了长期对峙，它早已成为印巴双边关系中的最大障碍。由于两国对克什米尔归属问题的解决方式存在不一致的态度，导致克什米尔问题出现长期化和复杂化。此外，第三国因素也是导致克什米尔问题复杂难解的主要原因。冷战时期，南亚成为了美苏对抗的竞技场。美国和苏联将以印度和巴基斯坦为对抗主体的克什米尔问题视作东西方阵营斗争的一个部分。印度一贯反对外部势力插手南亚事务，特别是克什米尔问题。因为美国和苏联的干涉不仅削弱了印度的地区主导力，而且扰乱了其在南亚的地区发展战略。冷战结束以后，美国继续关注南亚地区并干预着该地区矛盾对抗的事态发展，

---

① Robert F. Gorman, "Great Debates at the United Nations: An Encyclopedia of Fifty Key Issues 1945–2000", Westport: Greenwood Publishing Group, 2001, p. 88.

其中克什米尔问题也成为了美国插手南亚事务的一个重要抓手。

2.《印度河水条约》

自1947年印巴分治以后，两国在水资源分配问题上也产生了分歧。印度河及其部分支流经由印度流入巴基斯坦，这意味着印度一旦切断水源，巴基斯坦将受到致命打击。1948年印巴两国曾进行过谈判，但始终没有找到合理的解决办法。之后，印度宣布将在河流上游截走大部分水源，这使原本对峙的双边关系变得更加紧张。1952年世界银行出面介入，双方谈判得以重启。1960年9月19日，印度、巴基斯坦和世界银行在巴基斯坦卡拉奇签署了由世界银行提出的《印度河水条约》。根据该条约，印度河流域水系的西三河归巴基斯坦使用，东三河归印度使用，巴基斯坦获得全部水资源的80%，印度获得20%。[①] 至此，印巴两国在印度河水资源分配问题上的矛盾才得到了基本解决。

3. 巴基斯坦加入条约组织

为确保自身在南亚地区的发展与安全，1954年9月巴基斯坦加入以美国为首的"东南亚条约组织"（又称"马尼拉条约组织"），开始接受美国的军事援助，同时寄希望利用"东南亚条约组织"的力量对付印度。[②] 1955年巴基斯坦加入"巴格达条约组织"，后改名为"中央条约组织"。两个条约组织均由美国力量所主导。

4.《塔什干宣言》

1964年12月，印度单方面宣布印控克什米尔地区为印度的一个邦。此举受到巴基斯坦和克什米尔地区人民的强烈反对，并由

---

① 林太：《印度通史》，上海社会科学院出版社2007年版，第375页。
② 陈继东、晏世经等：《巴基斯坦对外关系研究》，巴蜀书社2017年版，第183页。

此引发1965年8月的第二次印巴战争。第二次印巴战争以两国签署《塔什干宣言》为标志而结束，双方同意在互不干涉内政的原则下和平解决争端。但实际上克什米尔问题没有因此得到有效解决。

5.《西姆拉协定》

1971年第三次印巴战争爆发，巴基斯坦宣布断绝与印度的外交关系。1972年7月，在国际社会的调解下，印度与巴基斯坦签订《西拉姆协定》，该协定由此成为印巴双边关系发展的重要基础。1976年印度和巴基斯坦正式恢复外交关系。

战争的过程与结果使印度的地区国家身份被印证，也使巴基斯坦和南亚其他国家对印度的国家身份形成了新的认知，进一步加深了南亚其他国家与印度间的不对等关注，导致南亚地区安全困境突显。在国家实力差距和国家身份认知所带来的不安全感下，南亚国家的地区认同和凝聚力受到了深刻影响，这从根本上破坏了南亚区域合作的原始条件。

（二）两国间合作

尽管印度与巴基斯坦长期处于对抗状态，但两国也在为双边合作做出着必要的努力和推动。冷战时期，经济合作是印巴合作关系的主要内容，两国始终保持着经贸往来不曾中断，双边贸易规模较大。在政治领域，两国也取得了一定合作成果。1988年12月，印度和巴基斯坦的政府首脑在第四届南盟首脑会议期间举行了首次会晤，并签署《互不攻击对方核设施协定》，这是两个拥核国家之间的合作历史。① 1989 年 7 月，拉吉夫·甘地对巴基斯坦的正式访问成为印巴两国关系发展史上的里程碑事件。

冷战结束以后，苏联解体打乱了印度实现"大国梦"的国家计划。为尽快适应全新的多极化国际关系格局，稳固其在国际格局中的国家地位，印度根据国家发展需要调整了对外战略，将发展与邻国的友好关系作为其对外决策的重点内容。其中，改善与巴基斯坦的关系成为印度对外政策调整的重中之重。为了能够早日实现"世界一流大国"的战略梦想，印度对巴基斯坦开始采取相对灵活的态度，尝试以和平协商方式解决克什米尔等问题，通过增强印巴彼此的理解与互信，推动两国关系从对抗逐渐走向合作。20 世纪末，印巴两国领导人为改善双边关系举行了多次会晤，并取得一定成果。1992 年 9 月，印度总理拉奥在印尼首都雅加达会见巴基斯坦总理纳瓦兹·谢里夫，双方表示愿意就克什米尔等问题进行不同级别的对话。在第六轮外长级会谈中，取得了积极成果，印巴双方达成共识，表示愿意解决克什米尔等问题，并在未来的会谈中讨论这一问题。② 1995 年 5 月，拉奥与巴基斯坦总统法鲁克·莱加利在参加第八届南盟首脑会议期间举行了会谈，双方再次表示愿以和平手段解决克什米尔等问题。1996 年 6 月，巴基斯坦同意给予印度贸易最惠国待遇，这为两国直接进行经贸合作提供了有利条件。印巴关系的缓和与合作在此期间取得了实质

---

① Muhammad Umer Khan, "Prospects for Cooperation on Tackling Nuclear and Radiological Terrorism in South Asia: India-Pakistan Nuclear Detection Architecture", International Journal of Nuclear Security, Vol. 2, No. 3, 2016, p. 3.

② Farzana Shakoor and Mutahir Ahmed, "Pakistan's Foreign Policy: Quarterly Survey: July to September 1992", Pakistan Horizon, Vol. 45, No. 4, 1992, p. 5.

性进展。

对南亚整体而言，印巴矛盾长期存在势必影响地区的和平与稳定，不仅破坏南亚的地区安全环境，而且阻碍南亚各国发展地区主体意识。印巴双方因国家身份认知偏差而给地区造成的安全困境直接影响着南亚国家对于地区共同意识和凝聚力的形成，对南亚区域合作的推进产生着根本影响。不可否认，印度与巴基斯坦之间构成的二元体结构矛盾固然是制约南亚区域合作的关键因素，但国家身份认知上的偏差则是导致二元体矛盾出现的重要根源。

二、印度与孟加拉国的关系

孟加拉国是印度的重要邻国。孟加拉国与印度之间的关系是复杂且多方面的。两国人民在语言、文化和宗教上的相似性使其超越各自的国家身份，而印度也在孟加拉国的独立中发挥了重要作用。[①]

1971年12月，印度成为最早承认孟加拉国的国家之一。印度与孟加拉国共同拥有南亚地区国家间最长的边界线，且共享同一河流水系，在经济和文化上的双边关系交往密切。但与此同时，印度与孟加拉国长期以来也一直受到恒河水资源分配、难民遣返、非法移民以及边境叛乱等问题的阻碍，导致两国关系难以深入发展。

国家成立之初，孟加拉国国力虚弱且政权亟需巩固，印度对其

---

① Vinayaraj V. K., "India as a Threat: Bangladeshi Perceptions", South Asian Survey, Vol. 16, No. 1, 2009, p. 103.

给予的支持与帮助至关重要。但这同时也为印度与孟加拉国间不对等双边关系的建立埋下了种子。

由于长期接受来自印度提供的经济援助,且持续对其保持较大的贸易逆差,孟加拉国的国家发展始终受到印度的影响与制约。在对印度地区国家身份认知的影响下,孟加拉国加重了对印度的不满和畏惧情绪,由此激发其试图寻求对印度形成制约的途径,以确保自身国家的安全与发展。孟加拉国最先发起成立南盟的倡议,积极联合南亚其他国家参与区域合作,以调整与印度之间不平衡的关系。尽管南亚其他国家试图以合作机制对印度形成制约,但在南盟框架下印度的地区国家身份依旧发挥着主导性作用。2005年2月,印度以孟加拉国治安状况和政治条件为由,拒绝出席在孟加拉国首都达卡举行的第十三届南盟首脑会议,以向孟加拉国施压。[1] 此举直接导致此次会议被迫推迟一年召开。

三、印度与尼泊尔的关系

在历史上,尼泊尔由于地理位置的特殊性使印度将其视为在南亚战略布局中的缓冲国。印度与尼泊尔的双边关系是印度国家安全体系中的重要部分,在与南亚其他国家关系中优先发展与尼泊尔的关系。但尼泊尔与印度的双边关系并不对等。首先,在经济上,尼泊尔不仅接受着印度的经济援助,而且其经济政策的制定也与印度的经济政策紧密相连。其次,在军事上,印度向尼泊

---

[1] Manzoor Ahmad, "SAARC Summits 1985–2016: The Cancellation Phenomenon", IPRI Journal, Vol. 17, No. 1, 2017, p. 62.

提供大量的军事武器装备。最后，在政治上，印度通过1950年签署的《和平友好条约》强势"指导"尼泊尔的国内建设与发展。

不对等的特殊关系使尼泊尔对印度产生了不满情绪，开始对其展开"反控制"的斗争。在这一过程中，尼泊尔国王提出将尼泊尔建成"南亚和平区"，尝试与印度保持一定距离，实行外交中立化和经济多元化。尽管尼泊尔与印度的高层互访频繁，如2014年莫迪访问尼泊尔便被视为印度与尼泊尔双边关系中的里程碑事件，[①] 但存在于两国间的不丹难民和边界管制问题始终未得到解决。在国家身份认知影响下，尼泊尔与印度间存在的问题与失衡的"相关依赖"关系直接影响着南亚区域合作的发展进程。

四、印度与不丹的关系

不丹是与印度相接壤的内陆国。印不关系被印度视为其与南亚邻国关系中的成功典范。[②] 1949年印不两国签署了《永久和平与友好条约》。自20世纪70年代印巴冲突发生后，不丹开始为自己的前途深感担忧，国家主权意识和民族意识不断增强。

在经济上，不丹开始发行本国货币"努扎姆"。在外交上，1971年加入联合国和1973年成为不结盟运动成员国两大事件标志

[①] Dhananjay Tripathi, "Influence of Borders on Bilateral Ties in South Asia: A Study of Contemporary India-Nepal Relations", International Studies, Vol. 56, No. 2–3, 2019, p. 187.

[②] Kanwal Sibal, "India's Relations with its Neighbours", India Quarterly, Vol. 65, No. 4, 2009, p. 359.

着不丹初步实现外交独立,加快了融入国际社会的步伐。这一突破性的进展使不丹深刻意识到发展对外关系和融入国际社会对于自身实现社会经济发展和国家现代化建设的必要性,于是积极发展多边外交。1977年,不丹国王公开发表立场:"主权完整和独立自主是不丹的重要奋斗目标,不丹政府正为实现这两个目标而努力,我们不能永远依靠朋友的支援和慷慨,必须提高自己的建设能力。"① 1979年9月,不丹国王吉格梅·辛格·旺楚克提出修改1949年签订的《永久和平与友好条约》,并称"没有必要在所有外交政策问题上与印度协商"。随着外交独立的不断推进,不丹开始在一些重大国际问题上采取与印度不同的立场。此外,在军事上,不丹开始逐步减少印度驻不丹的军事顾问和其他军事人员的人数,以保持不丹皇家陆军的独立性。

但印度在经贸领域上的大量援助和投资使不丹始终与印度保持强依赖关系。印度是不丹最重要的对外贸易伙伴,两国间主要的贸易商品为电力资源。不丹是印度电力的主要来源。印度通过提供资金帮助不丹建立水力发电站,鼓励不丹发展水力发电工程,使水电项目不仅成为不丹经济增长的重要引擎,而且也为本国电力资源的使用创造了稳定供给渠道。

五、印度与斯里兰卡的关系

斯里兰卡是南亚的一个岛国,其坐落在印度洋上并占据着重要

---

① 朱在明、唐明超、宋旭如编著:《当代不丹》,四川人民出版社1999年版,第195页。

的战略地位。从地理位置上看，南亚陆地上的国家只有印度与其最为邻近。印度不仅是斯里兰卡最亲密的邻国，而且在领土面积、人口规模、经济实力、军事实力和外交地位等方面印度都是斯里兰卡重要而强大的邻国。[①] 因此，两国在历史、民族、文化、政治和经济等方面互相影响，交往密切。由于斯里兰卡在印度洋上的重要位置，印度十分重视发展与斯里兰卡的关系。在斯里兰卡的双边关系中，与印度的关系也是其国家对外关系的重要内容。尽管双方相互重视，但两国之间仍然存在一些影响双边关系的问题。如泰米尔人在斯里兰卡的政治地位问题一直是印度关注的焦点，同时也成为了影响印斯关系发展的突出因素。

但从国家发展的整体利益出发，印度与斯里兰卡都倾向于发展和平友好的双边关系，这为南亚区域合作发展创造了一定条件。在经济上，1998年12月，印度与斯里兰卡共同签署了《自由贸易协定》。斯里兰卡是印度最早签订自由贸易协定的国家。在政治上，1992年5月，印度政府正式宣布"泰米尔猛虎组织"为非法组织，以示对斯里兰卡政府的支持。在外交上，为减轻对印度的过度依赖，斯里兰卡积极促进对外关系的多元化发展，努力寻求同印度以外国家的双边合作。斯里兰卡曾主动申请加入东盟，希望加强本国同东南亚国家间的合作关系。

[①] N. Manoharan and Madhumati Deshpande, "Fishing in the Troubled Waters: Fishermen Issue in India-Sri Lanka Relations", India Quarterly, Vol. 74, No. 1, 2018, p. 73.

六、印度与马尔代夫的关系

岛国马尔代夫与印度一直保持着友好密切的双边关系。1965年7月，马尔代夫实现独立，印度是最早承认马尔代夫并与其建立外交关系的国家之一。两国在政治、经济和军事上建立了密切的合作关系。在地理位置上，马尔代夫与印度的海岸线距离非常近，这为其获得印度的支持与援助提供了天然条件。而印度在地区国家身份的驱动下，也顺势强化着马尔代夫对印度的依赖关系。

马尔代夫对印度的依赖是全方位的。在外交上，马尔代夫把加强和发展与印度的关系作为其双边关系的最重要内容，并在制定对外政策和战略时优先考虑同印度的关系。在经济上，由于马尔代夫自身经济基础薄弱，产业结构单一，导致其对印度的援助和投资具有严重的依赖性。在军事上，印度是马尔代夫武器装备的最大供给国，两国的军事合作关系十分紧密。在对印度地区国家身份认知影响下，马尔代夫依赖印度以求国家安全与发展。

七、印度与阿富汗的关系

印度与阿富汗并不相邻，但历史渊源与文化联系使两国建立了重要的双边关系。在印度与阿富汗的双边关系中，巴基斯坦是影响两国关系的主要因素。1979年苏联入侵阿富汗，巴基斯坦的介入以及塔利班组织的崛起导致印阿关系一度走向恶化。苏联撤军以后，阿富汗爆发内战。巴基斯坦积极介入并寻求在阿富汗北部扩大"战略纵深",印度则支持北方联盟,两方力量形成对峙,从而造成印度与阿富汗关系出现中断。在哈米德·卡尔扎伊政权上台以后,阿富汗采取的外交政策路线使得印度与阿富汗关系重新得到缓和。2004年印度曼莫汉·辛格政府上台后十分重视发展同周边邻国的友好关系,因此,一直被印度视为"扩展邻国"的阿富汗在印度的周边外交关系中占据着重要地位。

2001年美国以反恐为由向阿富汗发起战争。印度在战争期间以及战后重建上都给予了阿富汗以极大援助。在政治上,印度全力支持阿富汗加入南盟。阿富汗加入南盟和南亚自由贸易区后,加强了与印度的政治与经济联系。随着阿富汗成为南盟的正式成员,印度将阿富汗作为其邻国组成部分的政治理由得到了加强。[1]在经济上,印度在战争初期给予了阿富汗大量的紧急经济援助。这为印度在阿富汗重建进程中提升话语权奠定了基础。

回顾印度与南亚其他国家的国家间关系,其主要特点在于南亚其他国家都与印度保持着不同程度的依赖关系。这种依赖关系不是处于平衡状态的相互依赖,而是以印度为中心不对等的失衡性依赖。在失衡的"相互依赖"关系下,以印度为中心的南亚国家间关系中既有冲突也有合作。在冲突中寻求合作,又以合作来化解冲突。但基于对印度国家身份认知下形成的国家间关系影响着南亚地区的秩序与稳定,而地区基础环境的稳定性直接关系到南亚区域合作的发展动力及条件。

---

[1] Kanwal Sibal, "India's Relations with its Neighbours", India Quarterly, Vol. 65, No. 4, 2009, p. 352.

第二节 制度供给与制度化联系程度

一、印度的制度供给能力

区域合作不仅需要一个强有力的领导国家，更需要完善健全的制度为区域合作提供机制保障。在区域合作中，制度作为一种公共产品，它存在于供给与需求的关系之中。一般来说，区域合作中的大国需要承担主要的制度供给责任，这就要求区域强国具备相应的制度供给能力，区域强国对区域合作的顺利推进具有关键性作用。从欧盟和东盟的成功经验来看，一个区域性合作组织的发展壮大离不开该地区少数中心国家的领导作用。在南亚，印度作为区域强国，南亚区域合作中的制度供给便需要由印度来承担。印度的制度供给能力和供给意愿直接关系着南亚区域合作的整体发展。就目前来看，南亚区域合作之所以发展缓慢的原因之一还在于印度的制度供给能力尚未满足南亚区域合作发展的制度需求。

印度在区域制度上的供给能力主要包括参与制度设定的程度，影响制度设定的内容以及对组织制度的遵守与维护等。在参与制度设定的程度上，印度有能力向南盟提供有效的制度供给，但其过度关注自身地区国家身份的巩固，忽视南亚其他国家的利益诉求，导致南盟在最初的机制建设上便存在影响组织合作的制度缺陷。在向南盟提供制度供给的过程中，印度凭借地区国家身份上的绝对优势主导着南盟制度的设定，以获取有利于印度自身利益的制度规定。这些规定给本就基础不够稳固的南盟组织带来了新的不稳定因素。在制度的遵守与维护上，印度常常将南盟的发展置于其国家利益之后，并在地区国家身份驱动下影响南盟有关制度的实施，对南盟发展造成了深刻影响。比如2016年印度因其在克什米尔地区的军事基地遭遇巴基斯坦袭击而坚决抵制在巴基斯坦伊斯兰堡召开第十九届南盟首脑会议，并造成本次会议被无限期推迟。

二、南亚国家间制度化联系程度

南亚国家间制度化联系程度较低是影响南亚区域合作的又一影响因素。首先，在南亚，印度掌握着绝大部分的地理天然资源，如水、煤炭和石油等，这些资源领域的合作几乎都是以印度为中心，南亚其他国家间的次区域合作则显得相对薄弱。印度对地区国家身份的护持使南亚区域合作环境受到了限制，影响着印度以外南亚国家间的制度化联系，导致南亚区域合作缺乏丰富的制度化基础。其次，南亚其他国家间的双边及多边关系发展在很大程度上都会受到印度的影响，其主要表现在南亚其他国家基本都是在保持与印度良好关系的前提下发展与其他国家间的双边及多边关系。南亚其他国家因自身国力虚弱与资源匮乏导致其对外关系合作较为单一，同时各国对外发展都需要以印度为中心，而缺少与其他国家以制度化加强国家间关系与联系的条件。最后，在南盟框架下，尽管成员国间签署了大量的条约和文件，致力于国家间的制度化联系与建设，但大多数文本都只停留在书面阶段，真正得到落实和执行的却很少。这种制度建设后的执行力不足也是制度化程度较低的一种具体表现，影响着南亚区域合作的发展与成效。

从表面上看，南亚地区形成了以印度为中心的十分紧密的国家间合作关系网络，并在南盟框架下签订了大量的条约与协定，但实际上南盟制度化建设与实施效用十分不足，而这一问题也是导致南亚区域合作整体进程推进缓慢的影响因素。

第三节 合作意识与信任基础

影响南亚区域合作发展的原因还在于南亚国家对于区域合作缺少合作意识与信任基础。南盟各成员国之间的关系以及区域内互不信任的政治环境继续困扰着南盟进程。[1] 这从根本上导致南亚在区域合作中出现动力不足，阻碍着南亚区域合作的发展进程。

印度在地区国家身份驱动下推行有利于自身国家利益的地区政策，不断加深南亚其他国家对印度的疑虑与戒备，南亚国家间的政治互信逐渐缺失，导致南亚区域合作缺乏合力，同时促使各国更倾向于同域外国家或地区发展合作关系。

由于地缘条件临近，巴基斯坦重视发展同西亚国家间关系，与伊朗和土耳其倡导成立了中西亚经济合作组织。而在中巴关系史中，双方都给予过对方大力的支持与援助。其他南亚国家也同样寻求与域外国家间的关系拓展。尼泊尔在实行对印度友好政策的

---

[1] Manzoor Ahmad, "SAARC Summits 1985 – 2016: The Cancellation Phenomenon", IPRI Journal, Vol. 17, No. 1, 2017, p. 66.

同时，加紧在对外贸易上推动多元化发展。孟加拉国因地理位置的天然优势成为南亚与东南亚之间的重要桥梁。斯里兰卡曾多次申请加入东盟，希望通过加入该组织与东盟成员国建立密切的贸易往来。

对于印度来讲，发展同域外国家间关系是其国家对外发展战略的重中之重。印度于1991年提出旨在联结东南亚邻国的东向政策，大力推动同东盟的关系发展。"东向政策极大地促进了印度与东南亚的关系，促进了外国直接投资，并加强了与东盟和其他地区多边机构的接触。"[1] 2015年莫迪访问阿联酋提出旨在发展同西亚波斯湾国家关系的西联政策。此外，印度还在"北向"制定发展战略，提出旨在连接中亚国家的"连接中亚"政策。在大力发展同周边邻近地区的国家间关系的同时，印度还积极发展同域外大国的国家间关系，并将其作为国家对外关系发展的重要内容。美国、俄罗斯、日本、澳大利亚以及中东国家都是印度重点发展的对象。

小　结

本章重点论述了印度与南亚其他国家不对称国家间关系中的矛盾与失衡，制度供给不足与国家间制度化程度低的制度性因素缺

---

[1] Amitav Acharya, "India's 'LookEast' Policy", in D. M. Malone, C. Raja Mohan and S. Raghavan eds., "The Oxford Handbook of Indian Foreign Policy", Oxford: Oxford University Press, pp. 461–463.

失以及缺乏合作意识与信任基础的动力因素不足是影响南亚区域合作发展的因素。这些问题的产生源于南亚不对称权力结构和印度地区国家身份。一方面，不对称权力结构导致印度与南亚其他国家之间形成相互博弈的国家身份，在对彼此国家身份认知形成不对等关注下，印度忽视南亚其他国家利益而引发其不满情绪，导致南亚地区安全困境凸显，进而影响南亚区域合作的发展进程。

另一方面，从国家身份认知的角度来看，印度的地区国家身份对南亚区域合作进程产生着深刻影响。首先，印度对地区国家身份的追求与护持是其国家性格中的执念，影响着印度对外政策的制定。这直接导致印度与南亚其他国家的国家间关系出现矛盾与失衡。其次，印度作为区域强国在区域合作制度上的供给能力不足从根本上削弱了南亚区域合作的动力基础。最后，作为南亚地区的"庞然大物"，印度国家实力的绝对优势对南亚其他国家产生着"被迫吸引力"，使南亚其他国家间的合作环境与条件受到了限制。

第五章

国家身份认知影响下的南亚区域合作组织

第一节　南盟的曲折之路

1985年12月7日至8日首届南亚七国首脑会议在孟加拉国首都达卡举行。此次会议通过了《南盟宪章》,以八项目标和五项基本原则为基础正式成立南盟。《南盟宪章》中规定,首脑会议是南盟最高的权力机关,原则上每年召开一次或多次会议。从性质上看,南盟首脑会议最高权力的获得来自于成员国家的主权让渡。其重要意义在于,它为南亚各国领导人提供了一个相互尊重、彼此友好和身份平等的对话机制,并在可发展领域建立相互合作的关系。

自成立之日起至今,南盟首脑会议共计召开18次,只在最初四年南盟按照《南盟宪章》规定的每年召开一次。随后第五届至

第五章 国家身份认知影响下的南亚区域合作组织 ◇

第十八届南盟首脑会议的召开时间间隔均未能按照《南盟宪章》规定执行，以推迟两年召开会议为多数情况，最长推迟召开时间长达四年。究其原因，以印巴冲突为主的印度与南亚其他国家间不断升级与激化的政治因素，导致南亚各国对于召开首脑会议的兴趣和热情逐渐降低。

从南盟召开首脑会议的时间间隔中可以看出，南盟组织机制对其成员国缺乏约束力，特别是对印度的国家行为不具有约束性。对于一个区域性组织来讲，成员国对组织制度的遵守与维护是该组织良好运行与发展的重要保证。尽管每次南盟首脑会议都会在相关规章制度的制定上有所强调和建设，但由于印度与南亚其他国家之间普遍存在矛盾与分歧，尤其是印度与巴基斯坦两国的长期对峙，使南盟的制度维护缺乏稳定的政治基础，严重影响了南盟机制在区域合作上的作用发挥。"印度与巴基斯坦关系的长期紧张状态严重影响了南盟的合作气氛，使南盟的合作处于一种尴尬的境地，远低于东盟与欧盟的发展水平。"[1] 由于南盟在处理成员间冲突方面没有发挥任何作用，导致南盟的进展因此受到了损害，从停滞和取消首脑会议上就可以证明这一点。[2]

宏观层面上的国家间矛盾与分歧固然是制约南亚区域合作的关键因素，但微观层面上的国家身份认知偏差则是影响南盟发展进程的内在动因。一方面，南盟发展缓慢源于南盟缺乏政治动力，[3]

---

[1] K. M. De Silva, "The European Community and ASEAN: Lessons for SAARC", South Asian Survey, Vol. 6, No. 2, 1999, p. 273.

[2] Kripa Sridharan, "Regional Organisations and Conflict Management: Comparing ASEAN and SAARC", Crisis States Working Paper Series (LSE Development Studies Institute), No. 2, 2008, p. 9.

[3] 王伟华：《地区主义与南亚区域合作》，《南亚研究季刊》2003 年第 4 期，第 58 页。

这种动力的缺乏源于南亚其他国家对印度的"畏惧感"。[①] 由于南亚其他国家都有过被印度控制或干涉的历史记忆，它们往往过度关注和担心印度的地区国家身份效应，普遍担心印度会控制南盟，对于推动南盟发展的意愿与需求不太强烈。而南亚其他国家发起成立南盟的原始动机也使印度对南盟框架下的国家间合作缺少热情，比如尼泊尔、不丹和孟加拉国会联合起来利用南盟机制与印度谈条件。[②] 南亚其他国家希望通过南盟带动本国经济发展的同时，更多地是想借助南盟提升自身的国家身份与地位，以国家间的联合力量对印度形成制约。但是，以制约和制衡为目的的合作必然会影响成员国间的相互信任。缺乏彼此间信任是导致南盟发展滞后的重要原因。[③]

另一方面，印度关注对地区国家身份的建构与巩固，促使其在域外扩大地区国家身份的影响，提升域外国家对其地区国家身份的认同，从而忽视南亚内部的区域一体化建设与合作。同时，南亚其他国家出于国家安全与发展的长远考虑，也逐渐寻求同域外力量的合作，较少将南盟作为实现国家安全与发展诉求的首选平台。这就导致南亚各国在南盟内部的共同利益与发展意愿难以聚合，而利益与意愿的分散化使南盟组织的实际功能无法得到正常发挥，区域合作的推动力出现严重不足。

---

① 胡志勇：《21世纪初期南亚国际关系研究》，上海社会科学院出版社2013年版，第150页。

② Peter Robinson, "Patterns of Economic Cooperation in South Asia", Round Table, No. 287, 1983, p. 301.

③ 胡志勇：《21世纪初期南亚国际关系研究》，上海社会科学院出版社2013年版，第150页。

第二节　充满活力的环孟加拉湾多领域技术经济合作倡议

"环孟倡议"是当前南亚地区以印度为主导的最具活力的区域性组织。"环孟倡议"始于1997年，是环孟加拉湾规模最大的次区域多边区域合作机制，涵盖了印度、孟加拉国、斯里兰卡、尼泊尔、不丹、泰国和缅甸等重要国家。该组织旨在通过加强政府间在贸易、投资、工业、技术、人力资源、旅游业、农业、能源、基础设施等领域的互联互通，来推动地区经济的快速发展。[①]

关于南盟与"环孟倡议"两者的关系问题，学界给予了不同见解。有印度学者指出，印度学界和外交界都普遍认为，在2016年印度不参加南盟峰会事件发生后，由于南盟内部瓦解，"环孟倡议"必须要被给予更多的重视。这一概念已经受到欢迎并得到印度全球伙伴甚至其对手巴基斯坦的认真对待。[②] 还有印度学者指出，在2017年南盟峰会取消以后，许多人都将"环孟倡议"视为南盟的替代品。尽管印度外交部认为南盟仍然是一个重要的区域合作机制，但"环孟倡议"显然更加富有生机。[③] 此外，有美国学

[①] Man Mohini Kaul, "Regional Groupings: An Overview of BIMSTEC and MGC", South Asian Survey, Vol. 13, No. 2, 2006, pp. 313 – 322.

[②] Mohd Nayyer Rahman and Harpal S. Grewal, "Foreign Direct Investment and International Trade in BIMSTEC: Panel Causality Analysis", Transnational Corporations Review, Vol. 9, No. 2, 2017, p. 112.

[③] Smruti S. Pattanaik, "Transforming Eastern South Asia: Relevance of BIMSTEC", Strategic Analysis, Vol. 42, No. 4, 2018, p. 422.

者分析到，由于印巴冲突已经阻碍了南盟的发展进程，加之从政治与经济视角来看，东南亚和东盟相比南亚邻国是更加有利的合作伙伴，因此，"环孟倡议"比南盟更具吸引力。① 还有部分观点将"环孟倡议"视为联结南盟与东盟之间的走廊。② 印度外交部长苏杰生在谈到连接南亚与东南亚的"环孟倡议"时，他强调印度与其他"环孟倡议"国家具有很强的协调作用。③ 同时，他也指出南盟的问题，认为即使抛开恐怖主义不谈，互联互通和贸易问题也依然存在。而"环孟倡议"成员国的国家领导人被邀参加莫迪宣誓就职仪式则说明印度看到了"环孟倡议"的活力、趋向和可能性。④

从目前的研究观点来看，各界普遍认为"环孟倡议"将取代南盟在南亚区域合作中发挥更大作用，这直接关系到南盟发展的前景。由于南盟在推动区域合作的具体实践中出现功能失调，其取得的实质性成果和进展并不大，导致南盟成员国尤其是印度逐渐失去对南盟的信心。一方面，南盟自身发展存在局限性；另一

---

① Christian Wagner and Siddharth Tripathi, "New Connectivity in the Bay of Bengal", SWP Comment, No. 53, 2018, p. 3.

② Saman Kelegama, "Bangkok Agreement and BIMSTEC: Crawling Regional Economic Groupings in Asia", Journal of Asian Economics, Vol. 12, 2001, p. 106.

③ Dipanjan Roy Chaudhury, "SAARC Has Problems, BIMSTEC Full of Energy, Says Jaishankar", Jun. 7, 2019, https://economictimes.indiatimes.com/news/politics-and-nation/saarc-has-problems-bimstec-full-of-energy-says-jaishankar/articleshow/69684367.cms.

④ Dipanjan Roy Chaudhury, "SAARC Has Problems, BIMSTEC Full of Energy, Says Jaishankar", Jun. 7, 2019, https://economictimes.indiatimes.com/news/politics-and-nation/saarc-has-problems-bimstec-full-of-energy-says-jaishankar/articleshow/69684367.cms.

第五章 国家身份认知影响下的南亚区域合作组织 ◇

方面，以印度为中心的南亚国家逐渐开始加强同域外国家与地区的联系，建立和参与更加具有合作潜力和发展活力的区域性组织。这些区域性组织对南盟的作用与发展产生冲击，使其出现被替代的风险。但实际上，"环孟倡议"和南盟是两个相互独立的个体，并不存在彼此依存或相互取代的问题，它们会在各自的组织发展宗旨和目标中产生应有的效用。

发展南亚区域主义，促进区域经济合作是南亚国家发展经济、改善民生的根本途径，南亚区域合作的进程不会就此止步。"环孟倡议"和南盟各自不同的发展状态均对南亚地区的次区域整合进程产生着影响作用。相对于南盟的组织功能失调，"环孟倡议"则表现出更多的组织活力和发展潜力，对南亚地区的次区域整合进程产生着积极的影响作用，有效推动南亚区域合作得到实质性发展。

一、改善南亚地区互联互通状态，促进南亚次区域整合

"环孟倡议"作为联结南亚与东南亚国家关系的重要平台，其促进和推动两地区实现互联互通的作用早已不言而喻。一直以来，南亚地区的经济水平落后于其他地区的主要原因之一在于该地区经济发展状态过于封闭，除区域内经济一体化进程发展缓慢以外，南亚与域外地区或国家的联系程度相对较低，缺乏长期持久且稳定的经贸关系。印度作为南亚地区的第一大国，有责任发挥其主导力作用以推动南亚地区的区域联通事业，促进南亚次区域整合的总体进程。作为印度东向政策的重要环节，"环孟倡议"是当前

印度着力推动的区域合作组织。该组织既可以满足印度国家战略的实施需求，同时也可以增强南亚地区内部及与东南亚国家间的互联互通状态，在促进南亚次区域整合进程中发挥着积极显著的推动作用。

二、加强南亚与东南亚国家间关系，提高两地区国家间相互依存度

东南亚一直都是印度实施东向政策的重点地区。印度希望通过实现与东南亚国家的互联互通，稳步推进"印太战略"的实施，扩大其在亚太地区的影响力。"环孟倡议"在促进两地区成员国建立合作关系的同时，其组织制度设置使每个成员国都承担着某一领域的主导国角色，有效提高了各成员国在组织中的参与度和责任感，推动其为该组织在某一领域达成目标而产生合力。这种合力不仅作用于促进合作目标的达成，而且还作用于国家间关系的发展上，使南亚与东南亚的成员国在合作与协商中增进彼此间的了解与互动，增加接触与对话机会，挖掘更多利益共同点，通过建立新的合作关系提高国家间的相互依存度。

三、带动南亚地区经贸发展水平，增强南亚国家及南亚与东南亚国家间经济合作关系

由于经济闭塞、恐怖主义、国家政局动荡、种族与宗教冲突以

第五章　国家身份认知影响下的南亚区域合作组织 ◇

及领土争端等结构性问题的存在，南亚的经济发展水平始终处于世界经济发展水平下游。改善经济和治理贫困是南亚各国长久以来一直致力的发展目标。在"环孟倡议"中，经贸投资和减少贫困是两个十分重要的合作领域，其主导国家分别是孟加拉国和尼泊尔。在经贸与投资领域，该组织已经具有较为完善的机制架构以进行有效的活动与合作，主要包括经贸部长级会议、经贸高级官员会议、贸易磋商委员会及其工作组、"环孟倡议"经济论坛及商务论坛。[①] 这些机构会定期召开相关会议活动以丰富成员国经济合作的内容。通过经贸合作与投资不仅使南亚与东南亚国家间的经济关系变得更加紧密，而且拉动了成员国的经济内需，有助于带动整个南亚地区的经贸水平得到提升。

南亚各国的贫困问题也是"环孟倡议"重点解决的目标。减贫是各成员国领导人在首脑会议务虚会中花费最长时间讨论的问题。[②] 通过会议讨论，各国一致认可减贫的重要性，并且分享各国在减贫问题上的实际经验，比如孟加拉国的小额信贷减贫措施、泰国"自足经济"哲学的经济发展模式等。南亚国家与东南亚国家存在很多相似之处，这些经验的分享与交流对南亚各国减贫具有较大实用性。"环孟倡议"从贸易投资与减贫两个领域入手，使成员国不断受益，在提高南亚地区经济发展水平的同时，也加强了南亚与东南亚国家间的经济合作关系。相比南盟，"环孟倡议"对促进南亚区域合作的成效更为显著。

[①] "Trade & Investment", BIMSTEC, https：//bimstec.org/? page_id = 264.

[②] "Poverty Alleviation", BIMSTEC, https：//bimstec.org/? page_id = 286.

第三节 区域合作组织中国家主导力的生成模型

南盟与"环孟倡议"都属于南亚区域合作的重要平台。两个组织的成员构成大部分重叠，但两者的发展状态却存在较大反差。究其原因，从成员构成上看，两个组织的差别之一在于巴基斯坦是否为组织成员国。由于印度与巴基斯坦同时存在于南盟之中，两国间难以调和的矛盾使南盟发展受到了极大限制。"环孟倡议"最早是由泰国主导，与印度、孟加拉国和斯里兰卡一同发起建立的，随后缅甸、尼泊尔和不丹又先后加入该组织。由于成立之时明确将巴基斯坦排除在外，因此，"环孟倡议"成员国间的协调协商能力与氛围优于南盟的发展条件，在发展运行中所遇阻力较小。从运行机制上看，"环孟倡议"的运行机制相对完善，而南盟机制在运行过程中却逐渐显露其制度缺陷，影响区域合作取得实质性成效。

但无论是成员构成问题还是运行机制缺陷所致，能够从根本上影响和驱动区域组织发展的关键因素主要在于印度地区国家身份认知下的国家主导力作用。主导力亦可称主导权，英文可用"Ownership""Dominant Power"或"Leading Power"来表示。凌胜利曾在文章中对主导权概念进行了分析，他认为"主导权可视为某一国家或国家集团在特定空间的政治、安全、经济领域发挥最

第五章 国家身份认知影响下的南亚区域合作组织

大影响,对规则制定与运行具有决定性作用"。① 本书探讨的国家主导力便是指在区域合作组织中国家行为体主导作用的表现力,它是区域主导权的一个重要方面。关于区域主导权,有学者曾提出其涵义,"是指地区合作中具有决定性指导地位,这种地位一般是由某个国家或集团承担,其发挥的政治、经济影响力要比其他国家要多要大要强。这种影响力在大多数情况下,表现为具有决定区域内规则的能力和指导一体化发展方向和进程的作用"。② 而"从传统的理论层面分析,只有大国在国际和地区组织中才能发挥核心、决定作用。所谓大国,一般指有强大的综合实力的国家,与其他成员国相差悬殊,为其他成员国所一致公认"。③ 可见,国家实力是国家行为体获得区域主导权的先决条件。当一国以其国家实力的绝对优势处于区域组织内公认的主导地位,并获得对组织规则制定和发展方向的话语权时,其国家意愿会与国家实力共同作用,产生一种能够驱动区域组织发展目标发生变化的引导力。比如,王玉主从区域公共产品供给角度分析东亚合作主导权问题时重点提到区域合作主导权,指出"区域合作主导权简单说就是区域合作中一方或几方对合作进程的主导,其核心在于一种非中性的利益或制度取向"。④ 其中,利益与制度取向是国家意愿的集中体现,区域合作主导权表现为一种以合作为目标导向的国家主

---

① 凌胜利:《中美亚太"主导权"竞争:认知差异及化解之道》,《社会科学》2017年第3期,第14页。

② 陈峰君、祁建华主编:《新地区主义与东亚合作》,中国经济出版社2007年版,第235页。

③ 陈峰君、祁建华主编:《新地区主义与东亚合作》,中国经济出版社2007年版,第237页。

④ 王玉主:《区域公共产品供给与东亚合作主导权问题的超越》,《当代亚太》2011年第6期,第78页。

导力。在区域合作组织中，受国家身份认知影响，基于国家实力与国家意愿相互作用所形成的这种合力正是国家主导力。

一个初具规模且成员国均是理性国家行为体的区域性组织是国家主导力产生的前提范围。假设国家实力为变量 x，国家意愿为变量 y。在国家实力与国家意愿的共同作用下会产生国家主导力，并以极值 xy 表示国家主导力的最大化，xy 可无限延伸的长度用以表示国家主导力的持久性。在此基础上，进一步假设存在一个实力强大的 A 国，并且其有着实现某一目标的强烈国家意愿，而 B、C、D 和 E 的国家实力与国家意愿均与 A 存在较大差距。

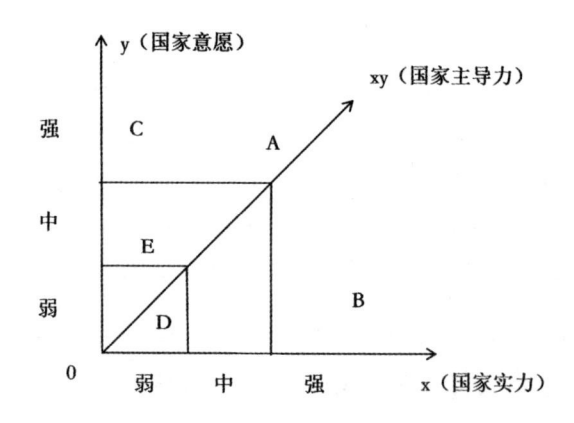

图 5-1　国家实力与国家意愿作用下国家主导力的持久性状态

资料来源：笔者自制。

当国家实力强大，国家意愿强烈时（以下称为双强国家，即 A 国），该国的国家主导力越接近 xy，且主导力的持久性较强，在区域合作组织内其国家主导力越会产生作用和影响力。当国家实力较强，但国家意愿微弱时（以下称为单强国家，即 B 国），该国的国家主导力越远离 xy，在区域合作组织内其国家主导力的作用越弱，此时将出现与之目标诉求相反的成员国，其国家主导力作用将突显并与之抗衡。同样地，作为单强国家的另一种情况，当国家实力较弱，但国家意愿却强烈时（即 C 国），该国的国家主导力也会远离 xy，无法在区域合作组织内获得产生作用的国家主导力。

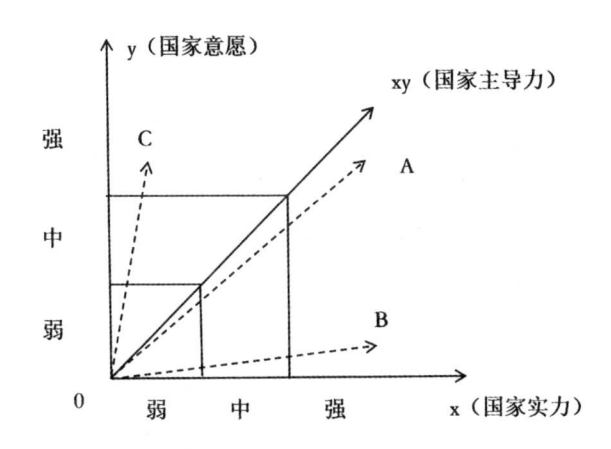

图 5-2 双强国家与单强国家的国家主导力及其持久性状态

资料来源：笔者自制。

当国家实力较弱，国家意愿亦不强烈时（以下称为双弱国家，即 D 国和 E 国），其国家主导力也会接近 xy，但此时并不表示该国可以获得与双强国家同样的国家主导力。因为即使接近 xy，该国的国家主导力发力后的持续性较弱，国家主导力延伸长度较短，而双强国家形成合力后其国家主导力的持久性长度大于双弱国家，且存在继续延长的条件。因此，双弱国家的国家主导力表现即使接近 xy 也不会获得真正的国家主导力，但这种合力会以另外一种形式出现，即为"追随"。这些国家通过追随区域合作组织内的核心主导国家，以共享区域公共产品的形式获取有利于本国发展的相关利益。

◇ 南亚区域合作研究——基于国家身份认知理论

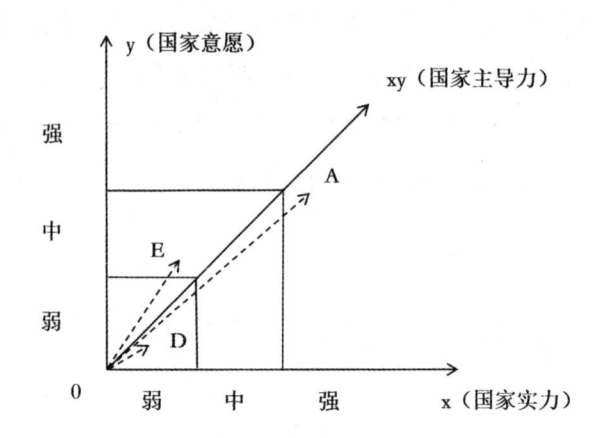

图 5-3　双强国家与双弱国家的国家主导力及其持久性状态
资料来源：笔者自制。

在国家实力具有绝对优势的条件下，印度选择积极推动"环孟倡议"的发展而淡化南盟的存在，这与体现其国家意愿的外交政策有着直接关系。莫迪政府将与周边地区的互联互通放在了更加优先的位置上。① 印度立足于南亚次大陆，通过建立多个发展方向上的次区域合作机制，努力联结印度周边国家以拓展其外交影响力。在发展次区域合作的外交政策中，印度先后提出并加强针对南亚邻国的"邻国第一"政策，联结东南亚邻国的东向政策，针对西亚波斯湾国家的西联政策以及旨在连接中亚国家的连接中亚政策。② 作为印度东向政策中的重要一环，"环孟倡议"不仅可以帮助印度拉动内需，同时也有利于其加强与东南亚国家间关系，

---

① 林民旺：《印度与周边互联互通的进展及战略诉求》，《现代国际关系》2019 年第 4 期，第 56 页。
② 林民旺：《印度与周边互联互通的进展及战略诉求》，《现代国际关系》2019 年第 4 期，第 56 页。

拓展国家外交关系网络,更加有助于印度发展同周边国家间关系和实现国家利益。

随着"环孟倡议"在南亚的地位和作用不断提升,德国、法国以及日本等国家对参与"环孟倡议"的兴趣也在逐渐增强,以期能够在南亚特别是印度洋上争取到利益。基于这些有利条件,相比推动南盟的兴趣和动力,"环孟倡议"对印度更加具有吸引力。因此,印度以满足自身利益和拓展域外身份影响力的国家意愿为优先项,与其国家实力共同作用形成强势国家主导力,积极推动"环孟倡议"的发展,而忽视南亚其他国家的集体利益诉求,淡化对南盟的参与和互动。

第四节 南亚区域合作组织中印度的主导性影响

印度的国家利益和发展目标之一在于巩固和维护其地区主导身份,增强南亚其他国家对印度地区主导身份的认同,提升印度在南亚的中心地位和地区影响力。基于这一目标,印度在"环孟倡议"和南盟两个组织框架下,分别从事着促进区域合作发展和增强南亚其他国家对其身份认同的具体实践。印度国家主导力在"环孟倡议"和南盟中的实践和表现各有侧重且作用不同。在"环孟倡议"框架下,印度主要在经济、文化、人文交流以及打击恐怖主义等领域从事具体实践;在南盟框架下,印度则主要关注制度建设。

一、印度在"环孟倡议"中积极主导实践

(一) 经济领域

"环孟倡议"最具活力的贡献在于其经济上的显著成绩。为了能够使"环孟倡议"在经济上更加有助于印度国内经济发展,印度积极参与金融方面的机制架构。一方面,主动推进金融产品和金融服务的基础建设。随着区域互联互通的发展,区域组织内各国的 GDP 均会得到不同程度的带动和提升,金融产品和金融服务势必会成为组织内成员国居民的必需品。印度是"环孟倡议"成员国中人口基数最大的国家,截至 2022 年,印度总人口为 14.2 亿。[①] 因此,良好的金融产品和金融服务的最大受益者将会是印度,它对于带动印度国内金融领域的良性发展和国家经济的进一步崛起具有突出作用。另一方面,高调推动组织区域内的经贸合作。"印度需要推动其实施,把自身打造成南亚金融中心,以便为该地区的贸易和金融提供便利。"[②]

印度在经济领域的具体实践既可以服务于其国内经济发展的内在需求,也为"环孟倡议"组织的高效发展做出了重要贡献。它

---

① "Population, Total-India", World Bank Data, https://data.worldbank.org.cn/indicator/SP.POP.TOTL? locations = IN&view = chart.

② "Financial Architecture as the Underpinning for BIMSTEC Policy", The Economic Times, Jul. 20, 2019, https://economictimes.indiatimes.com/news/economy/policy/financial-architecture-as-the-underpinning-for-bimstec-policy/articleshow/70302882.cms.

帮助建立的金融架构为该组织奠定了一个经济上具有可行性的框架基础，这使"环孟倡议"的成员国都将受益于此。① 这对于提高南亚其他国家对印度的地区身份认同，巩固印度地区强权国身份具有一定作用。

（二）文化领域

印度文化是印度引以为傲的国家构成。通过提升文化认同感以加强国家间合作是印度最擅长的外交方式。在"环孟倡议"中，印度的文化主导在于强调和突出印度文化以增强东南亚国家与印度之间的文化认同感，为"环孟倡议"的良性发展打造坚实基础。由于历史、宗教和地缘等因素关系，许多东南亚国家都受到印度文化的深刻影响，以至于部分东南亚国家的文化属性被划分在印度文化圈的范畴之内。"环孟倡议"中的东南亚成员国泰国和缅甸都与印度文化有着深刻渊源。以宗教文化上的表现为例，佛教是印缅泰三国间重要的文化纽带。文化上的共有知识使在"环孟倡议"框架下的国家间合作有了深厚基础。印度通过在文化上表现其国家主导力，一方面加强同东南亚国家间的沟通与互动，提高印度在南亚以外地区的国家影响力，另一方面也有效推动区域组织成员间以印度文化为纽带建立更加紧密的联系，进而促进区域组织内形成长久稳定的互联互通与合作关系。

---

① "Financial Architecture as the Underpinning for BIMSTEC Policy", The Economic Times, Jul. 20, 2019, https://economictimes.indiatimes.com/news/economy/policy/financial – architecture – as – the – underpinning – for – bimstec – policy/articleshow/70302882.cms.

（三）其他领域

"环孟倡议"是当前南亚地区最具活力的区域性组织，其合作领域十分广泛，包括贸易投资、技术、能源、交通与通信、旅游、渔业、农业、文化合作、环境及灾害防控、公共卫生、人文交流、减少贫困、反恐及打击跨国犯罪和气候变化共14个领域。[①] 其中，印度在交通与通信、旅游、环境及灾害防控和反恐及打击跨国犯罪四个领域担任主导国身份。为了获得南亚其他国家对印度地区国家身份的认同，印度积极在其主导领域发挥实践作用。

以反恐及打击跨国犯罪领域为例。打击恐怖主义和有组织犯罪是南亚地区实现可持续发展与地区和平的重要前提。自"环孟倡议"成立之日起，该组织的发展目标之一就是倡导地区和平与进步。在印度主导下，"环孟倡议"通过反恐和跨国犯罪联合工作组（以下简称CTTC）开展具体业务。CTTC共有6个工作分组，即麻醉药品、精神药物和易制毒化学品小组，情报共享小组，法律和执法问题小组，反洗钱和打击恐怖主义融资问题小组，人口贩运和非法移民问题小组以及打击激进主义和恐怖主义合作小组。每个小组负责向CTTC进行最终报告。作为负责法律和执法问题小组的工作组长，印度积极推动该领域的制度化建设，比如，2009年成功签署《打击国际恐怖主义、跨国有组织犯罪和非法毒品贩运合作公约》。

由于"一些共同的安全问题，特别是恐怖主义、毒品生产、

---

① "About BIMSTEC", BIMSTEC, https://bimstec.org/?page_id=189.

第五章　国家身份认知影响下的南亚区域合作组织　◇

走私和贩运这些威胁已经从南亚次大陆一直蔓延至印度东北边境",①严重威胁到印度的国家安全,因此,在促进区域组织达成法律协议以外,印度还凭借其强势国家身份积极致力于推动"环孟倡议"进行以反恐为目的的多边联合军演。2018年9月10日至16日,印度、孟加拉国、不丹、缅甸和斯里兰卡在"环孟倡议"框架下进行了代号为"MILEX-18"的首次联合军演,此次演习以反恐训练为重点内容。但由于南亚其他国家普遍对印度国家身份存在认知偏差,导致一些国家质疑印度推动联合军演的真实目的而相应做出了符合自身利益的国家行为。比如,尼泊尔退出此次军演,泰国也仅以"观察员"身份参加此次军演。据印度媒体报道,尼泊尔不参加军演的原因之一是对印度试图加强该框架内的安全与防务合作感到不满。尼方认为"环孟倡议"是一个致力于发展的论坛,军演不是优先事项。②尼泊尔质疑印度的做法是为满足其自身国家利益。泰国则以国家预算开支问题为由没有正式参与此次军演。然而,尽管这些国家对印度存在质疑与不满,但印度的地区强权身份仍对它们具有威慑力。当印度公开称对尼泊尔此举表示"失望"后,时任尼泊尔总理卡德加·普拉萨德·夏尔马·奥利的发言人很快便做出回应,表示这只是小插曲,不会对尼泊尔与印度的关系造

---

① Mandeep Singh, "BIMSTEC Nations Conduct First Military Exercise", Indo-Pacific Defense Forum, Oct. 18, 2018, http：//apdf-magazine.com/bimstec-nations-conduct-first-military-exercise/.
② 《退出印度联合军演后,尼泊尔的这个举动让印媒"很痛心"》,环球网,2018年9月12日,https：//world.huanqiu.com/article/9CaKrnKcvJF。

◇ 南亚区域合作研究——基于国家身份认知理论

成负面影响。[①]

二、印度在南盟中选择性主导实践

　　印度在南盟中的实践主要表现在影响组织发展进程和组织扩容及与域外国家间的关系发展上。在组织发展进程方面，印巴两国长期处于冲突对峙状态导致南盟发展停滞不前，影响着南亚区域合作的发展进程。在组织扩容及与域外国家的关系发展方面，出于国家利益考虑，印度在南盟内发挥其地区国家身份的影响力，不赞同有些成员国提出的关于予以观察员国更多权利的提议。

　　原本涵盖南亚八国，旨在促进南亚国家间实现经济、社会与安全合作的区域性组织，由于各成员国对印度国家身份认知上的失误与偏差，导致南盟在实际运行中出现功能失调，对推动南亚区域一体化收效甚微。印巴矛盾的久而未决也使印度不愿推动南盟在南亚发挥作用，而选择弱化该组织在促进南亚区域合作中的影响。尽管印度试图淡化南盟的地位和作用，但其他成员国仍希望该组织能够再次发挥影响力，将南亚国家联结起来，通过区域一体化帮助各国发展经济和改善民生。虽然南盟自成立以来所取得的实质性成果并不显著，但其仍具有发展潜力，对南亚实现区域合作具有重要价值和意义。

　　一方面，南盟仍将作为南亚区域一体化的重要平台在推动区域

---

① "Nepal's Withdrawal from BIMSTEC Exercise Shouldn't Affect Ties with India, Says PM Oli's Spokesperso", The Indian Express, Sep. 13, 2018, https：//indianexpress.com/article/india/nepal-bimstec-exercise-india-pm-kp-sharma-oli-5353452/.

经贸合作方面发挥作用。但面对南亚区域一体化的发展困境，南盟亟需完善其组织运行机制，改善组织框架下以印度为主导的权力结构状态。南盟内部的权力结构状态实际上也是南亚地区权力秩序分布的缩影。印度与南亚其他国家之间相差悬殊的国家实力塑造了南亚地区不对称区域权力结构，以及不对等的国家间关系。以印度为中心的不对称区域权力结构不仅没有在南盟框架下得以淡化，反而继续存在甚至加强。在相当长的一段时间里，南亚其他国家都与印度保持着一种"特殊关系"。这样的历史记忆使南亚其他国家始终对印度的地区国家身份存在怀疑和恐惧，深刻影响着南亚区域合作的推进与发展。另一方面，南盟是南亚国家以区域整体与域外国家互动的重要平台。南盟的作用是在促进区域一体化发展的同时，还能够以区域组织身份与域外其他国家建立联系以发展新的合作关系。有效发挥南盟作用不仅可以带动南亚实现区域整体性发展，而且还可以促进成员国与域外国家在南盟框架下发掘更多利益共同点，从而建立有助于国家间关系发展的新联系与新合作。

尽管当前"环孟倡议"的发展活力和潜在动力均优于南盟的发展条件，但作为全面涵盖南亚国家的区域性组织，南亚其他国家仍希望南盟可以发挥其区域一体化作用，帮助南亚各国的经济与社会发展得到改善与提升。在未来，南盟对于南亚依旧重要且不容忽视。

小 结

本章在于分析南盟在国家身份认知影响下的发展历程。南盟首脑会议制度屡遭阻断是南盟发展滞后的主要表现。究其原因，一方面，以印巴冲突为主的印度与南亚其他国家间的政治因素，导致南亚各国对于召开会议的兴趣和热情逐渐降低。另一方面，国家身份认知偏差是造成南盟发展受阻的深层原因。从身份认知角度来看，南亚其他国家对印度的地区国家身份普遍存在畏惧和怀疑心理，它们担心印度会控制南盟，因此对于推动南盟发展的意愿与需求不断降低。印度关注对地区国家身份的建构与巩固，促使其在域外扩大地区国家身份的影响，提升域外国家对其地区国家身份的认同，而忽视南亚内部的区域一体化建设与合作。同时，南亚其他国家出于国家安全与发展的长远考虑，也逐渐寻求同域外力量的合作，较少将南盟作为实现国家安全与发展诉求的首选平台。

同时，本章还对南盟与"环孟倡议"组织进行了比较分析，从中探讨了印度国家身份对区域组织发展的影响作用。之所以选择"环孟倡议"进行比较，主要在于当前学界与政界普遍认为该组织将取代南盟在南亚区域合作中发挥更大作用。但本书认为南盟和"环孟倡议"组织是两个相互独立的个体，并不存在彼此依存或相互取代的关系，它们会在各自的组织发展宗旨和目标中产生应有的效用。

第六章

南亚区域合作展望

第一节　南亚区域合作发展趋势

一、集中力量发展经济合作，消解南亚各国身份认知偏差

南亚是世界上经济发展处于较低水平的地区之一。以经济发展改变民生福祉是南亚人民最为关心的事项。在国家身份认知作用下产生的国家间矛盾与冲突不断加剧着南亚负担，使南亚经济发展深受影响。集中力量发展经济合作有助于改善印度与南亚其他国家间的认知偏差。

◇ 南亚区域合作研究——基于国家身份认知理论

二、提升印度制度供给能力，改善南亚国家身份认知状态

面对当前区域合作缓慢不前的发展态势，南盟亟待完善现有组织机制。纵观欧盟、东盟、非盟等区域组织的发展，平等协商是这些区域组织实现有效发展的重要原则。印度作为区域强国，在制度供给能力的提升上，应注重对区域组织建设与推进的凝聚力塑造等软性因素的思考，而非靠地区主导强制力来获取南亚其他国家的认可。这将有助于改善南亚其他国家对印度国家身份的认知偏差，增强彼此间政治互信，提升区域认同感与国家互信度，推动南亚区域合作得到实质性发展。

三、推动南盟目标制度改革，缩小南盟成员间不对等关注

南亚区域合作的发展需要以"积跬步"精神向前推进。制定切实可行且能够完成的短期目标更加有利于南亚区域合作整体目标的实现。在南盟成立以来先后召开的18次南盟首脑会议中，其通过的发展目标往往过于宏大，脱离了南亚地区的实际情况，低估了南亚地区自身条件的困难与限制，导致大多数目标沦为空想。因此，南盟应在结合南亚地区形势的基础上制定可分阶段完成的具体目标，摒弃在南亚地区无法落地的理想泡沫。在实际操作上，南盟还应加强与国际组织的交流合作，广泛吸收成功经验和有效

建议，努力争取联合国、亚洲开发银行和亚洲基础设施投资银行等国际组织的资金、技术和人员支持，这样将有助于南盟在实现南亚区域合作的目标上产生事半功倍的效果。

推动南盟制度改革不仅有助于南盟本身的发展，更重要的是它有利于缩小南盟成员国家间的不对等关注，尤其是改善南亚其他国家对印度国家身份的认知偏差。实际上，改革的过程是听取成员国建议与诉求的过程，它有助于南亚其他国家与印度成员国身份的平等性在南盟框架下实现回归。在此条件下的国家间交流与认知会更加倾向于理解与尊重，这也正是南亚区域合作亟需填补和建立的关键之处。

因此，推动南盟目标制度改革，缩小南盟成员间不对等关注是重启南盟的必经之路，也是推动南亚区域合作的关键所在。南亚自由贸易区建设已进入关键阶段，是南亚区域合作取得实质性进展的重要环节。这不仅需要南亚各国的团结与智慧，更需要南盟在其中发挥更大的领导作用。优化南盟的制度建设，完善组织的机构设置可从以下几方面进行：第一，要将南盟组织机构建设得更加专业化，南盟的领导人应具备优秀的经济管理能力；第二，强化南盟董事会，建立南盟董事会的日常会议机制，通过针对不同议题的日常会议制定具体的区域合作发展目标并检验往期目标的落实情况；第三，为南盟的发展制定具体阶段性目标，并通过董事会进行监督落实；第四，完善南盟官方网站，使其成为南亚各国贸易、投资、工业、旅游以及政策法规等信息平台，为各国间的信息交流创造便利等。[1] 改革是南盟摆脱制度不完善带来的种

---

[1] 陈继东、晏世经：《南亚区域合作发展前景研究》，巴蜀书社2018年版，第229页。

种桎梏，从而真正推动南亚区域合作实现实质性发展的关键所在。

四、挖掘潜在合作利益空间，加深南亚各国彼此认知了解

南亚各国应充分利用自身的优势产业及特点，加强彼此间深度且长久的合作关系，在新的合作空间领域挖掘更多的共同利益，在相互合作中增进彼此的认知与了解。尤其要重视文化、习俗、观念与规范因素在塑造南亚地区结构和区域合作中的作用。在这些方面以合作促交流，改善对彼此国家身份的认知偏差，在趋于正确的国家身份认知基础上，建立广泛而扎实的合作关系。这不仅有利于南亚区域合作的推进，而且也有助于改善南亚其他国家与印度间的不对称关系。

（一）能源合作

能源贸易薄弱是南亚经济发展缓慢的主要表现。南亚坐拥丰富的天然资源，但各国间的能源贸易却十分缺乏。这样的发展现状说明南亚各国在能源贸易领域推进合作仍将具有较大潜力和发展空间。推动能源贸易合作既有利于南亚区域合作快速取得实质性进展，又有助于南亚各国人民生活福祉得到改善。

对于南亚来讲，将双边能源合作与多边能源合作相结合是其地区能源合作的主要特点。双边能源合作和多边能源合作是地区能源合作的两种类型。双边能源合作主要以能源产出国与能源消费国之间的合作为主。能源消费国之间的合作虽也存在，但由于地区能源的稀缺性会导致能源消费国间的竞争多于合作，因此这类

合作十分少见。多边能源合作的目的主要在于：一方面，扩大能源规模，提高地区能源在世界能源市场中的比重，以抵挡世界能源波动带来的威胁；另一方面，协调地区内成员国间的能源竞争，通过合作帮助各国实现能源利益的最大化。在南亚，双边能源合作是在以印度为中心的双边国家关系中展开，多边能源合作则主要是在南盟框架内进行。

从具体领域上看，在水利发电方面，尼泊尔与不丹的潜在发电量在南亚国家中具有突出优势。它们不仅能够满足国内需求和发展，而且还可以用于能源出口和贸易。以印度与不丹的水电合作为例，电力经贸合作是印度与不丹双边关系中的重要组成部分，[①]两国在楚卡水电站工程上的合作是南盟其他成员国学习的成功典范。印度资助不丹建设水电项目使两国双双受益。两国间的水电合作不仅给不丹带来了巨大的经济收益，而且从不丹进口电力在很大程度上缓解了印度的电力短缺问题。通过水电开发的能源合作，不丹与印度间的不对等关系得到了相对调整。

在天然气资源方面，南亚长期面临着严重的天然气短缺问题。尽管孟加拉国的天然气资源储备相对丰富，但由于基础设施和运输条件落后，导致天然气能源贸易难以开展。另外，南亚国家间政治上的矛盾与分歧也影响着当地天然气的开发利用。为尽快解决阻碍天然气能源贸易的运输管道铺设问题，南亚各国在南盟框架下积极开展天然气多边能源贸易合作，其合作重点就在于协商如何修建贯穿南亚整体的输气管道，以实现对南亚地区天然气资源的开发利用。

---

① Cecilia Tortajada, Udisha Saklani, "Hydropower-based Collaboration in South Asia: The Case of India and Bhutan", Energy Policy, Vol. 117, 2018, p. 320.

在可再生能源方面，南亚地区也存在较大发展潜力。以风能和热能为例，印度的风能发电潜力仅次于美国；而南亚最主要的能源来源就是热能，孟加拉国、印度和巴基斯坦大部分的能源都来自于热能。随着全球能源需求量的不断增长，南亚各国更加致力于加强能源合作。2005年南盟通过《达卡宣言》成立了南盟能源中心，该中心于2006年3月开始运作，以研究和协调南盟国家间的各类能源需求与合作问题，为南亚经济繁荣提供了重要实质性内容。①

（二）旅游合作

南亚地区所拥有的历史文化、自然风光、生态环境以及人文景观是发展旅游业得天独厚的优势条件。但由于南亚各国的发展目标主要在于经济发展与国家安全，缺少对旅游业发展的重视，各国的旅游发展潜力尚未得到充分开发。比如尼泊尔和不丹的佛教文化对世界上的佛教信仰者来说充满了吸引力，但当地的交通运输、基础设施等方面的建设落后导致对以佛教文化为核心的旅游资源开发始终存在困难。面对南亚在旅游业上潜存巨大发展空间的现状，一些国际组织对此予以认可并愿意为其提供经济帮助，比如亚洲开发银行为南亚国家提供贷款以支持南亚旅游业的发展与合作。在获得国际支持的同时，南盟也需要为推动旅游业发展而制定可行性措施，比如：加强各国当地的治安管理，提高对游客的安全保护；简化南盟成员国间的入境报关手续，为游客提供出行便利；各国旅游部门合作宣传本国及南亚地区的旅游文化，增强世界游客对南亚的向往和兴趣等。

---

① "About SEC", SAARC Energy Centre, https://www.saarcenergy.org.

（三）粮食安全

粮食短缺和价格上升也是南亚长期面临的主要问题。2008年8月第十五届南盟首脑会议曾专门就粮食安全问题发表了《科伦坡粮食安全声明》，各国元首和政府首脑肯定了他们确保区域粮食安全的决心。[①] 可见，粮食安全已成为南盟合作的重中之重，如何增加粮食产量及储备是南盟粮食安全合作的核心问题。南盟可在加大农业投入、农业研究和病虫害治理等方面加强成员间合作，同时增加与国际社会尤其是国际组织的联系与交流，为南亚在粮食安全领域的发展争取更多的支持和帮助。

（四）打击恐怖主义

恐怖主义仍是南亚地区发展的最大威胁。尽管印度是南盟在打击恐怖主义合作领域的主导国家，并在其主导下制定了许多相关合作协定，但从打击力度和效果上看，南盟在该领域的合作成效并不理想，南亚恐怖主义依旧猖獗。为此，南亚各国需继续加强打击恐怖主义的合作力度，在强化情报共享和司法合作的同时，不断丰富和探索打击恐怖主义的区域合作形式，争取早日使南亚摆脱恐怖主义的阴霾。

[①] "Fifteenth SAARC Summit Declaration Addresses Climate Change and Food Security", SDG Knowledge Hub, Aug. 6, 2008, http://sdg.iisd.org/news/fifteenth-saarc-summit-declaration-addresses-climate-change-and-food-security/.

五、推动发展开放区域主义，改善域外国家身份认知偏差

开放区域主义是区域主义与全球化之间架起的一道桥梁。无论是"旧区域主义"发展后的欧盟典范，还是"新区域主义"趋势下的东盟奇迹，这些成功的区域组织都得益于具有对外开放特性的区域主义。而缺乏这一特性则是导致南亚经济发展滞后的原因之一。在此方面，南亚可尝试借鉴其他地区发展的成功经验，以经济合作为基础推动发展对外开放的区域主义，扩大南亚地区的对外开放，拓展更广泛的合作领域，加强跨区域的合作组织机制建设。这不仅有助于南亚融入全球区域化发展进程，而且也有利于南亚促进经济发展的多元化合作，丰富南亚区域合作的动力因素。

在促进南亚区域合作方面，印度也积极推动同域外国家的次区域合作安排。比如，"环孟倡议""环印度洋经济合作组织"以及"恒河—湄公河合作组织"等。尽管这些次区域组织并未涵盖所有南亚国家，在一定程度上分散了推动南亚区域一体化的力量构成，但这些次区域合作在提高南亚国家经济发展方面却成效显著。不仅增加了南亚国家对外交往的机会，而且提升了南亚各国经济发展的内在需求，加强了南亚国家间的相互依赖关系。作为促进南亚区域合作的重要区域性组织，南盟需积极鼓励各成员国参与形式多样、内容多元的地区合作，提升南亚地区的开放性，将与域外国家或地区的合作作为南亚区域合作的重要补充。

第二节　中国与南亚区域合作态势

一、近年中国与南盟贸易发展情况

在新冠疫情和百年变局交织影响下,中国与南盟经贸合作总体态势仍保持稳定并呈上升趋势,中国与南亚跨区域合作存在较大合作潜力和发展空间。

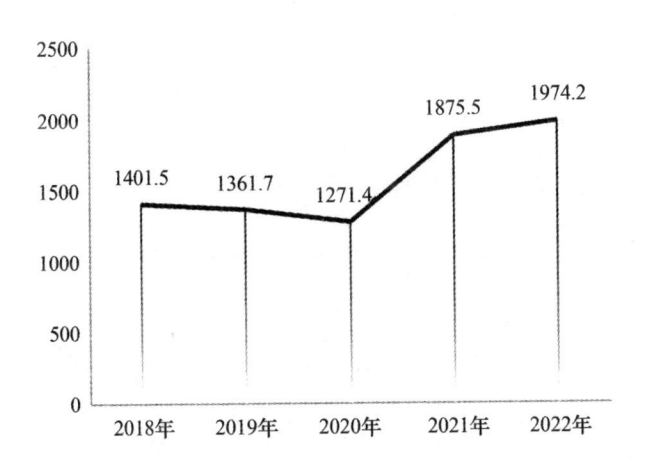

图 6-1　2018 年至 2022 年中国与南盟进出口贸易趋势（单位：亿美元）

资料来源：根据商务部公布的"亚洲司主管国别贸易统计数据"整理绘制,见商务部网站,http://www.mofcom.gov.cn/article/tongjiziliao/sjtj/yzzggb/202312/20231203463486.shtml。

2018年至2022年，中国与南盟进出口贸易出现下降波动但总体呈上升趋势。2018年中国与南盟的进出口贸易额为1401.5亿美元，尽管2019年出现贸易额下降，并在2020年下降至五年间贸易额最低点，但在2021年出现较大幅度增长，较2020年增长47.5%，展现出中国与南盟贸易的强劲动力。2022年进出口贸易额扩大到1974.2亿美元，较2018年提高近570多亿美元，较五年前增长40.8%。

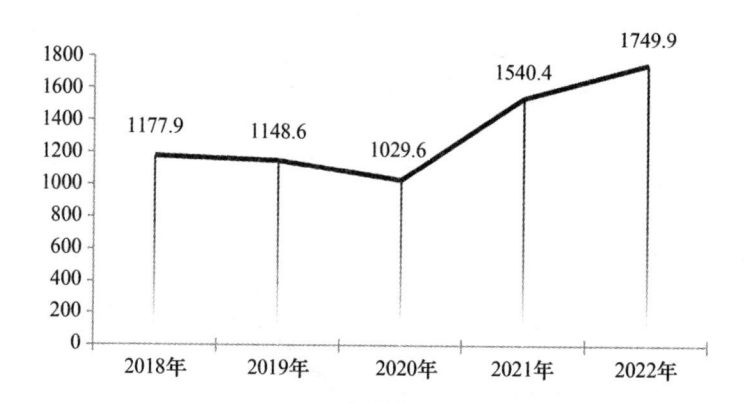

图6-2 2018年至2022年中国对南盟贸易出口趋势（单位：亿美元）

资料来源：根据商务部公布的"亚洲司主管国别贸易统计数据"整理绘制，见商务部网站，http：//www.mofcom.gov.cn/article/tongjiziliao/sjtj/yzzggb/202312/20231203463486.shtml。

2018年至2022年，中国对南盟出口贸易态势基本与进出口贸易趋于一致。2018年中国对南盟的出口贸易额为1177.9亿美元，2019年和2020年均出现下降，但在2021年呈现较大幅度增长，出口额为1540.4亿美元，较2020年增长49.6%，出口增长动力强劲。2022年出口额扩大至1749.9亿美元，较2018年增长48.6%。

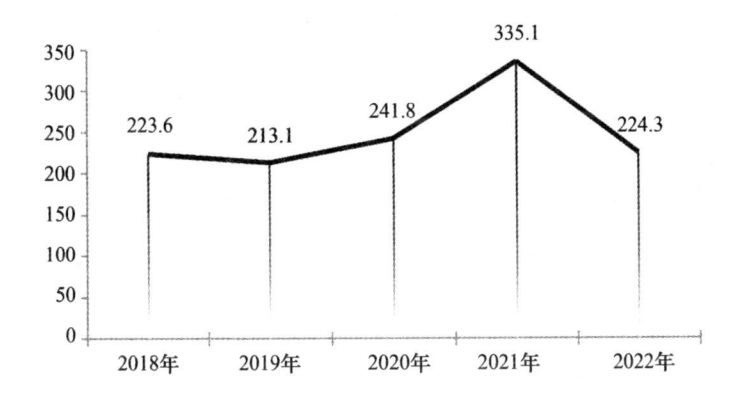

```
350                           335.1
300
250   223.6          241.8
            213.1                    224.3
200
150
100
 50
  0
    2018年  2019年  2020年  2021年  2022年
```

图6-3 2018年至2022年中国对南盟贸易进口趋势（单位：亿美元）

资料来源：根据商务部公布的"亚洲司主管国别贸易统计数据"整理绘制，见商务部网站，http://www.mofcom.gov.cn/article/tongjiziliao/sjtj/yzzggb/202312/20231203463486.shtml。

2018年至2022年，中国对南盟的进口贸易态势出现明显波动。2018年中国对南盟的进口贸易额为223.6亿美元，2019年出现小幅下降，而后两年呈现快速上升态势，在2021年增长至335.1亿美元。2022年再次出现下降趋势，进口贸易额为224.3亿美元。

尽管中国对南盟的进出口贸易在此期间出现了不同程度的波动，但中国贸易顺差始终保持优势，并呈现显著扩大趋势。2018年中国对南盟的贸易顺差为954.3亿美元，2020年下降至787.8亿美元，2021年较2020年大幅增长，增长率超50%。2022年扩大至1525.6亿美元，贸易顺差继续增加。

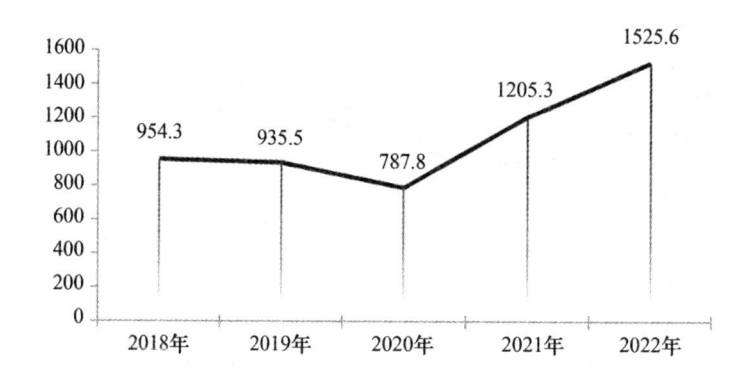

```
1600                                    1525.6
1400                           1205.3
1200    954.3   935.5
1000                   787.8
 800
 600
 400
 200
   0
       2018年  2019年  2020年  2021年  2022年
```

图 6-4 2018 年至 2022 年中国对南盟贸易顺差情况（单位：亿美元）

资料来源：根据商务部公布的"亚洲司主管国别贸易统计数据"整理绘制，见商务部网站，http：//www.mofcom.gov.cn/article/tongjiziliao/sjtj/yzzggb/202312/20231203463486.shtml。

二、2022 年中国与南亚国家双边经贸情况

（一）中国与南亚国家贸易情况

表 6-1 2022 年中国对南亚国家的进出口贸易情况（单位：亿美元）

序号	国家	贸易总数	出口额	进口额
1	印度	1359.8	1185.0	174.8
2	孟加拉国	277.9	268.1	9.8
3	巴基斯坦	265	230.9	34.1
4	斯里兰卡	42.5	37.6	4.9

续表

序号	国家	贸易总数	出口额	进口额
5	尼泊尔	16.8	16.6	0.2
6	阿富汗	5.95	5.53	0.42
7	马尔代夫	4.51	4.51	0.0006
8	不丹	1.69	1.66	0.03

资料来源：根据商务部公布的"2022年1—12月中国与亚洲国家（地区）贸易统计"整理，见商务部网站，http://yzs.mofcom.gov.cn/article/date/202308/20230803434301.shtml。

2022年，中印贸易额1359.8亿美元，同比增长8.4%。其中，中国对印出口1185.0亿美元，同比增长21.7%；自印进口174.8亿美元，同比下降37.9%。中孟贸易额277.9亿美元，同比增长10.7%。其中，中国对孟出口268.1亿美元，同比增长11.4%；自孟进口9.8亿美元，同比下降6.2%。中巴贸易额265亿美元，同比下降4.6%。其中，中国对巴出口230.9亿美元，同比下降4.6%；自巴进口34.1亿美元，同比下降4.8%。中斯贸易额42.5亿美元，同比下降27.8%。其中，中国对斯出口37.6亿美元，同比下降28.3%；自斯进口4.9亿美元，同比下降23.9%。中尼贸易额16.8亿美元，同比下降14.6%。其中，中国对尼出口16.6亿美元，同比下降14.6%；自尼进口0.2亿美元，同比下降17.9%。中阿贸易额5.95亿美元，同比增长13.6%。其中，中国对阿出口5.53亿美元，同比增长16.6%；自阿进口0.42亿美元，同比下降15.2%。中马贸易额4.51亿美元，同比增长10.1%。其中，中国对马出口4.51亿美元，同比增长11.3%；自马进口6万美元，同比下降98.7%。中不贸易额 1.69 亿美元，其中中国对不出口 1.66 亿美元。①

（二）中国对南亚国家投资情况

表 6-2　2022 年中国对南亚直接投资存量

序号	国家	存量（亿美元）	占比（%）
1	巴基斯坦	68.2	46.2
2	印度	34.8	23.6
3	孟加拉国	29.9	20.2
4	斯里兰卡	5.3	3.6
5	阿富汗	4.5	3.0
6	尼泊尔	4.4	3.0
7	马尔代夫	0.6	0.4
8	不丹	-	-
合计		147.7	100.0

资料来源：根据商务部、国家统计局和国家外汇管理局联合发布的《2022 年度中国对外直接投资统计公报》整理，见商务部网站，http://images.mofcom.gov.cn/hzs/202310/20231027112320497.pdf。

截至 2022 年底，中国对南亚七个国家进行了直接投资（不丹无投资），投资存量 147.7 亿美元。从国家分布看，对巴基斯坦投资 68.2 亿美元，占对南亚投资的 46.2%，列居首位；对印度投资 34.8 亿美元，占对南亚投资的 23.6%，位居第二；对孟加拉国投

---

① 根据商务部公布的"2022 年 1—12 月中国与亚洲国家（地区）贸易统计"整理，商务部网站，http://yzs.mofcom.gov.cn/article/date/202308/20230803434301.shtml。

资 29.9 亿美元，占 20.2%，位居第三。

表 6-3　2022 年中国对南亚直接投资流量（单位：亿美元）

序号	国家	存量
1	巴基斯坦	5.6
2	孟加拉国	3.2
3	尼泊尔	1.2
4	阿富汗	0.09
5	马尔代夫	-0.003
6	斯里兰卡	-0.4
7	印度	-3.3
8	不丹	—
合计		6.3

资料来源：根据商务部、国家统计局和国家外汇管理局联合发布的《2022 年度中国对外直接投资统计公报》整理，见商务部网站，http://images.mofcom.gov.cn/hzs/202310/20231027112320497.pdf。

2022 年，中国对南亚七个国家进行了直接投资（不丹无投资），投资流量 6.3 亿美元。从国家分布来看，中国对南亚直接投资排名前三位的国家分别是巴基斯坦、孟加拉国和尼泊尔，投资流量分别是 5.6 亿美元、3.2 亿美元和 1.2 亿美元。其中，对印度、斯里兰卡和马尔代夫的投资均出现负流量。投资流量为负意味着中资企业在东道国进行直接投资的资金出现汇回或撤资等行为。2022 年，印度对外商直接投资出台多项限制措施，尤其针对来自中国的投资企业。

（三）承包工程情况

2022年，中国企业在印度新签工程承包合同额14.3亿美元，完成营业额20.2亿美元；在巴基斯坦新签工程承包合同额32.7亿美元，完成营业额45.6亿美元；在孟加拉国新签工程承包合同额30.4亿美元，完成营业额55.4亿美元；在斯里兰卡新签工程承包合同额21.6亿美元，完成营业额9.9亿美元；在尼泊尔新签工程承包合同额11.1亿美元，完成营业额5.6亿美元；在马尔代夫新签工程承包合同额5.7亿美元，完成营业额2.8亿美元。[①]

三、相关政策与措施支持

在国家层面，国家发展改革委、商务部等多部委为推动中国与南亚开展务实合作提出重要支持举措。为支持云南省加快建设面向南亚、东南亚辐射中心，2019年3月，经国务院同意，国家发展改革委印发了《关于支持云南省加快建设面向南亚东南亚辐射中心的政策措施》，提出了云南在农业、基础设施、产能、经贸等方面深化与南亚及东南亚国家交流合作的具体举措。为扎实推动中企与南亚国家间开展务实合作，商务部积极引导中资企业在南亚地区投资，推动工程承包领域不断深化合作，成为中国与南亚经贸合作的中坚力量。

在地方层面，云南、重庆等地为我国企业面向南亚"走出去"

---

① 根据商务部公布的"亚洲司主管国别贸易统计数据"整理，商务部网站，http://www.mofcom.gov.cn/article/tongjiziliao/sjtj/yzzggb/202312/20231203463486.shtml。

提供大力政策支持。云南省政府主动服务和融入共建"一带一路"倡议，为中国与南亚国家区域间合作出台多项有力推动措施。2024年2月，云南省政府发布《云南省人民政府办公厅关于印发云南省加快内外贸一体化发展若干措施的通知》，提出在发挥贸易促进平台作用中，发挥好中国—南亚博览会贸易促进作用，促进国内国际市场供采对接。① 目前，我国已成功举办了七届中国—南亚博览会以及两届区域全面经济伙伴关系协定（云南）国际贸易投资合作论坛，达成多项重要共识，有效增强了中国与南亚国家更宽领域和更深层次的交流合作。其中，中国—南亚博览会已成为中国与南亚、东南亚等国家和地区开展多边外交、经贸合作、人文交流的重要平台。川渝是我国打造辐射南亚区域合作中心的重要发展极，"从地理位置、文化渊源、资源及产业互补性看，川渝与南亚合作都具有得天独厚的优势"。② 重庆发挥区位优势，不断完善通往南亚的综合交通枢纽，加快建设国际陆海贸易新通道，对推动中国与南亚国家间经济合作与长远发展发挥着关键作用。2023年7月22日，中国（重庆）—斯里兰卡减贫与发展合作圆桌会在科伦坡举行，重庆作为中国南亚国家减贫与发展合作中心所在地，积极致力于推动中斯减贫合作，将通过共建国际陆海新通道等务实合作，助推斯里兰卡经济复苏，增进两国人民生活福祉。③

---

① 云南省人民政府办公厅：《云南省人民政府办公厅关于印发云南省加快内外贸一体化发展若干措施的通知》，云南省人民政府网，2024年2月24日，http://www.yn.gov.cn/zwgk/zcwj/zxwj/202402/t20240218_295461.html。

② 姜雪：《川渝开展南亚方向合作的现状、问题及应对策略》，《中国经贸导刊》2021年第8期，第28页。

③ 《中国（重庆）—斯里兰卡减贫与发展合作圆桌会在科伦坡举行 袁家军出席并作主旨发言 阿里·萨布里主持并致辞》，《重庆日报》，2023年7月23日，https://app.cqrb.cn/html/2023-07-23/1423257_pc.html。

四、中国与南亚区域合作机制平台

（一）南盟

1985年南盟成立之时，其成员国主要包括阿富汗、孟加拉国、不丹、印度、马尔代夫、尼泊尔、巴基斯坦和斯里兰卡。[①] 2005年第十三届南盟峰会原则上同意中国成为观察员国，2006年中国正式以观察员国身份参加第十四届南盟峰会。相比中国在其他方向上的区域主义实践，中国与南盟的关系发展略显薄弱，但双方关系发展不容忽视，中国应保持对南盟发展态势及其变化的持续关注。从中国区域主义发展战略来看，南盟作为南亚唯一的区域一体化组织，它是中国整体性对话南亚国家的重要窗口和平台。尽管当前南盟在促进南亚区域一体化上仍表现不足，但部分成员国仍希望该组织能得以重启并发挥作用。据《商业纪事报》报道，尼泊尔总理普拉昌达2023年12月18日会见来尼访问的南盟工商会代表团时表示，南盟有潜力改变南亚地区发展格局，为确保南亚在实现发展目标方面取得进展，南盟的所有成员国都应挖掘潜力，抓住新机遇。他还强调，作为南盟成员国之一，尼泊尔与南盟其他成员国的共同合作将对南盟复兴起到重要作用，从而改善南亚地区人民的生活。[②]

---

① "About SAARC", SAARC, http://saarc-sec.org/about-saarc.

② "SAARC Can Alter Our Region's Development Landscape: Nepal PM", Business Recorder, Dec. 18, 2023, https://www.brecorder.com/news/40279132/saarc-can-alter-our-regions-development-landscape-nepal-pm.

（二）《亚太贸易协定》

《亚太贸易协定》是南亚部分国家与中国开展合作的平台之一。其前身是 1975 年由联合国亚洲及太平洋经济和社会委员会主导签订的《曼谷协定》，现有成员国包括中国、印度、孟加拉国、斯里兰卡、老挝、韩国和蒙古。该协定旨在促成发展中国家间相互达成关税优惠和非关税减让。中国于 2001 年加入该协定。自签署以来，该协定在经贸往来、投资和减税等方面取得了一定成效。但由于协定本身较为松散，缺少机制化建设，在南亚与中国的区域间合作中所发挥的作用并不明显，至今没有成为双方长期战略合作的平台。

（三）中国—巴基斯坦自由贸易区

中国—巴基斯坦自由贸易区是中国与南亚发展地区经济合作的重要平台。巴基斯坦与中国是友好邻邦，新中国成立不久，两国便建立了经贸关系。1963 年中巴签订第一个贸易协定。2005 年中国国家总理温家宝访问巴基斯坦期间，与巴基斯坦总理阿齐兹宣布启动中国—巴基斯坦自由贸易区谈判。同年两国签署《中华人民共和国政府与巴基斯坦伊斯兰共和国政府关于自由贸易协定早期收获计划的协议》。2006 年 11 月中国国家主席胡锦涛访问巴基斯坦并最终签订《中华人民共和国政府与巴基斯坦伊斯兰共和国政府自由贸易协定》。该协定的签署是中巴两国关系史上的里程碑式事件。中国—巴基斯坦自由贸易区的建立使巴基斯坦成为中国在南亚的第二大经贸合作伙伴，它为中国与其他南亚国家的合作提供了成功范例。

（四）孟中印缅地区合作论坛

孟中印缅地区合作论坛成立于 1999 年，最初被称为《昆明倡议》。[1] 该论坛源于云南学界提出的孟中印缅地区经济合作构想，成员国为中国、印度、孟加拉国和缅甸四国。论坛围绕能源交通、贸易投资、文化旅游、农业合作、医疗卫生、生态保护等领域展开研讨，至今已在四国轮流举办十三届。孟中印缅四国合作的市场发展潜力巨大，它对于中国深入发展与南亚以及东南亚间的跨区域合作具有重要价值。

（五）孟中印缅经济走廊

2013 年中印两国共同提出建设孟中印缅经济走廊的倡议，得到孟缅两国积极响应。"孟中印缅经济走廊是以昆明、曼德勒、达卡、加尔各答等沿线重要城市为依托，以铁路、公路、航空、水运、电力、通信、油气管道等国际大通道为纽带，以人流、物流、资金流、信息流为基础，通过共同打造优势产业集群、城镇体系、产业园区、口岸体系、边境经济合作区等，形成优势互补、分工协作、联动开发、共同发展的经济带。"[2] 该经济走廊的重要作用在于带动四方所在的东亚、南亚以及东南亚地区的联合发展，有助于加强中国与南亚国家间密切联系，推动中国与南亚国家实现跨区域合作。

---

[1] Mohd Aminul Karim and Faria Islam, "Bangladesh-China-India-Myanmar (BCIM) Economic Corridor: Challenges and Prospects", The Korean Journal of Defense Analysis, Vol. 30, No. 2, 2018, p. 283.

[2] 伍晓阳、严勇：《建设孟中印缅经济走廊》，《瞭望》2023 年第 4 期，http://lw.news.cn/2023-01/29/c_1310693386.htm。

中国与南亚的区域间合作是多边合作的表现形式，而多边合作的良性发展需要建立在稳定的双边关系基础之上。在中国与南亚国家间的双边关系中，中印关系是重中之重。尽管印度的地区国家身份认知对南亚区域合作产生着深刻影响，一方面使南亚区域内合作存在发展限制，另一方面直接影响着中国与南亚实现跨区域合作，但双方在地区层面上的其他合作仍具有较大潜力和发展空间，为中印两国加强沟通与对话，改善国家身份认知偏差，增强彼此理解与合作创造了有利条件。两国共同加入了一些区域性组织，比如金砖国家、上海合作组织和二十国集团等。在这些组织框架下两国存在许多共同利益，这些共同利益都将成为两国进行合作的重要基础。

第三节　共建"一带一路"与南亚区域合作

南亚作为中国外交的重要方向，是中国推进共建"一带一路"倡议的重点地区。以共建"一带一路"为实践平台，中国努力发掘与南亚跨区域合作的潜在利益空间，积极推进项目建设并取得显著成效，以期带动南亚区域合作发展。

由于南亚区域一体化程度直接关系着中国区域主义发展，基于国家周边外交战略考量，中国应保持对南亚区域合作的关心与关注，在增进交流中改善彼此间国家身份认知偏差，携手南亚国家共建"一带一路"，致力于构建中国—南亚命运共同体。

◇ 南亚区域合作研究——基于国家身份认知理论

一、携手共建国家经贸发展，夯实区域经济合作基础

中国与南亚"一带一路"共建国家经贸合作动力强劲，为推动中国与南亚区域经济合作扎实了基础。在贸易方面，2022年，中国与南亚"一带一路"共建国家贸易总额为612.3亿美元，其中，与巴基斯坦、孟加拉国贸易额占比近九成。中国对南亚"一带一路"共建国家出口额为563.2亿美元，其中对巴基斯坦、孟加拉国出口额占比近九成。中国对南亚"一带一路"共建国家进口额为49.4亿美元，其中对巴基斯坦进口额占比近七成。[1] 在投资方面，截至2022年末，中国在南亚地区投资存量147.7亿美元，近八成分布在"一带一路"共建国家，存量112.9亿美元。其中，近九成投资流向巴基斯坦和孟加拉国。[2] 在承包工程方面，近九成新签工程承包合同额来自南亚"一带一路"共建国家，完成营业额达119.3亿美元。[3] 在自贸协定方面，中国面向南亚地区加快推进自贸区建设，在已与巴基斯坦和马尔代夫签署自贸协定基础上，积极推进与斯里兰卡开展谈判，与尼泊尔和孟加拉国也已进入研究阶段。

---

[1] 根据商务部公布的"亚洲司主管国别贸易统计数据"整理，商务部网站，http://www.mofcom.gov.cn/article/tongjiziliao/sjtj/yzzggb/202312/20231203463486.shtml。

[2] 根据商务部公布的《2022年度中国对外直接投资统计公报》整理，商务部网站，http://images.mofcom.gov.cn/hzs/202310/20231027112320497.pdf。

[3] 根据商务部公布的"亚洲司主管国别贸易统计数据"整理，商务部网站，http://www.mofcom.gov.cn/article/tongjiziliao/sjtj/yzzggb/202312/20231203463486.shtml。

在通道建设方面，共建"一带一路"倡议下有六条国际经济合作走廊，其中涉及南亚地区的有中巴经济走廊、孟中印缅经济走廊和中尼印经济走廊。通过持续深化贸易畅通，加快三条经济走廊建设，促进中国与南亚在商品、资本、技术、信息等生产要素方面的自由流动，扩大贸易规模，提高贸易自由化与便利化水平，推动覆盖"一带一路"共建国家的自贸区建设，不断为中国与南亚国家经贸合作稳健续航，以经贸领域的务实合作，推动中国与南亚区域合作取得突破进展。

二、契合南亚国家利益需求，精准打造双赢民生项目

对于南亚各国普遍虚弱的经济现状来讲，经济发展与互联互通是其最迫切的现实需求。面对印度基于地区国家身份的护持对共建"一带一路"造成的行为阻力，中国要深入考虑南亚国家及其民众对共建"一带一路"的认知程度，做好项目建设的阐释工作，切实了解东道国的利益关切，以改善其经济发展和居民生活为目标，重点投资与社会民生密切相关的基础设施建设。在项目推进过程中，重视项目建设效果评估，因地制宜设计项目，精准打造双赢民生工程，助力各国及地区经济发展，使南亚国家及其民众真实感受利益所在，以此持久有效改善其对中国以及共建"一带一路"的认知与接受度，从而发挥共建"一带一路"的联通作用，促进南亚区域合作与经济发展。

三、扩大同南亚各国的人文交流，促进民心相通与理解支持

"人文交流"的目的是促使"民心相通"，夯实国家间关系的社会土壤。①南亚国家对共建"一带一路"存在认知偏差，一方面在于受到印度护持地区国家身份而发起的战略导向作用，另一方面则是由于中国与南亚国家间缺少共有知识建构，导致民众在思想与社会观念上难以形成有效理解。基于此，中国需加强同南亚国家间关于科学研发、教育学术、青年对话以及文化旅游等基础方面的人文交流合作，使南亚各国民众了解和认知真实的中国以及中国文化。

四、利用好现有区域合作平台，挖掘潜在利益空间

除共建"一带一路"外，中国与南亚现有的区域合作平台主要有南盟、《亚太贸易协定》、中国—巴基斯坦自由贸易区以及孟中印缅经济走廊等。孟中印缅经济走廊在推动中国与南亚跨区域合作中扮演关键角色，其重要作用在于带动四方所在的东亚、南亚以及东南亚地区的联合发展，有助于改善中印关系，推动中国

---

① 庄礼伟：《中国式"人文交流"能否有效实现"民心相通"?》，《东南亚研究》2017年第6期，第67页。

与南亚国家间的区域合作。该倡议的提出进一步拓展了中国与南亚区域间合作的内容与发展空间。尽管当前中国尚未与南亚建立持久稳固的区域间合作，但中国应利用好现有区域合作平台，发挥南亚各国优势产业，挖掘潜在共同利益，以合作促交流，促进中国与南亚国家在趋于正确的国家身份认知基础上建立广泛而扎实的合作关系，激活南亚区域合作的发展动力。

五、尝试多层次多方面路径选择

在推动南亚区域合作问题上，中国还应积极利用多边外交平台，增强与印度的多边互动，巩固与印度的制度联系渠道，拓展基于两国共同利益的制度建设。目前中印两国共同加入的组织机制有联合国、世界贸易组织、金砖国家、上海合作组织、二十国集团等，并在气候变化、能源和粮食安全、国际金融机构改革和全球治理等领域存在共同利益。基于多边外交平台，开展多方协调对话，有助于中印两国平衡双边利益，加强交流与合作。正如拉贾·莫汉指出，印度需要接受中国经济实力增强的现实，印度不能将中国排除在次大陆之外，新德里应该将其转化为印度的优势，而不是阻碍中国日益增长的经济影响力。[①] 以中印合作先行带动中国与南亚其他国家的发展合作是中国推动南亚区域合作的重要内容。中印的合作将为中国与南亚地区加强经贸合作开辟新空间，为增进地区人民的互信搭建新平台，为世界的和平与繁荣做

---

① ［印度］拉贾·莫汉著，朱翠萍、杨怡爽译：《莫迪的世界：扩大印度的势力范围》，社会科学文献出版社2016年版，第123页。

◇ 南亚区域合作研究——基于国家身份认知理论

出新贡献。[①]

小　结

本章是对南亚区域合作前景的些许展望，同时提出了中国推动与南亚跨区域合作的相关举措。首先，集中力量发展经济合作，消解南亚各国身份认知偏差，积极发挥南亚国家政府主导力量，以经济先行带动其他领域的合作。其次，提升印度制度供给能力，促进地区争端解决机制的建立，改善南亚其他国家对印度国家身份的认知状态，增强南亚国家间的政治互信与理解。再次，推动南盟目标制度改革，使南亚其他国家与印度成员国身份的平等性在南盟框架下得以回归，缩小南盟成员间的不对称关注。南盟目标制度改革是重启南盟的必经之路，只有改革才能使南盟摆脱制度不完善带来的桎梏。最后，挖掘南亚各国在能源开发与利用、旅游拓展与开发、粮食安全与储备以及打击恐怖主义等领域的共同利益，以合作促交流，加深南亚各国对彼此的认知了解。

对于中国与南亚跨区域合作，从现有区域合作组织的数量和发展状态上看，中国与南亚区域间合作仍相对薄弱。一方面，由于南盟自身发展成效低，影响了其同域外国家间的发展合作；另一方面，印度的国家身份与国家意志是影响南亚实现区域间合作的

---

① 汪金国、张立辉：《莫迪政府的国家认同建构及其对"一带一路"认知的影响》，《南亚东南亚研究》2021年第4期，第27页。

关键。中国应保持对南亚区域合作发展态势的持续关注，积极借鉴同东南亚等地区跨区域合作的可适经验，从而挖掘更多与南亚国家间的共同利益和发展空间。

结　语

本书研究的核心问题是在南亚不对称区域权力结构下，南亚各国包括印度自身在内对印度国家身份的认知如何影响南亚区域合作的发展进程。本书研究的目的在于分析和了解国家身份认知在区域合作中的影响作用，并以此为视角解释南亚区域主义发展滞后和功能失调的国际关系现象。

通过对区域主义相关理论问题的系统梳理与深入研究，本书分析了南亚区域主义产生的内生需求以及发展南亚区域一体化的合理性与必要性，并对南亚区域合作的发展历程、成效及影响因素进行了论述。通过研究，南盟自成立以来便呈现"高开低走"的发展态势，逐渐失去本该具备的区域整合功能，导致南亚成为世界上为数不多的区域一体化程度较低的地区之一。那么，在世界区域整合的主流趋势带动下，为什么南亚区域合作会停滞不前？印度作为南亚的地区中心国家，其国家身份与地位在南亚国家的交往与互动中产生了何种影响以及如何产生作用？南盟作为南亚区域主义实践的重要平台，为什么没有对南亚区域合作产生有效的推动作用？这些是本书尝试回答的问题，并做出相关解释。

首先，印度作为南亚的区域强国，对地区中心地位和地区国家身份的追求是其国家性格中的执念，印度中心观和地区主导思维

结　语

是影响印度对外行为的基本准则。印度凭借其国家实力的绝对优势，在与南亚邻国相处的过程中逐渐使南亚其他国家对其形成了特殊的"依赖关系"。这就导致南亚其他国家在与印度的国家间交往中逐渐沉积了诸多难以解决的矛盾与问题，并且在国家间关系的平等相处上出现身份失衡，不利于国家间合作的实现。因此，南亚国家间关系中的矛盾与失衡是影响南亚区域合作的原因之一。

其次，一个强有力的地区主导国家是区域合作成功推进的先决条件。印度在南亚区域合作中以南亚第一强国的角色存在，对于南亚其他国家来说，如果没有印度的大国参与和领导，南亚区域合作将无法推动和实现。尤其是在区域组织的制度建设上，印度在参与制度设定的程度、影响制度设定的内容以及对组织制度的遵守与维护等方面的制度供给能力对于南亚区域合作的发展至关重要。然而，尽管南亚具备大国主导的必要条件，但南亚区域合作依旧缺乏推进动力，其原因在于，印度在制度供给能力上的责任感缺失从根本上削弱着南亚区域合作的动力基础，对南亚区域主义的发展并未发挥积极的主导作用。

再次，作为南亚地区的"庞然大物"，印度国家实力的绝对优势对南亚其他国家产生了"被迫吸引力"。印度掌握着绝大部分的如水、煤炭和石油等地理天然资源，对这些资源领域的合作几乎都是以印度为中心，南亚其他国家间的地区性合作显得十分薄弱。印度的地区身份与主导力使南亚的区域合作环境十分受限，影响着南亚国家间的制度化联系程度，进而导致南亚区域合作缺乏制度化基础。

最后，南亚国家对区域合作缺少合作意识与信任基础。对于区域合作，南亚各国可谓各怀心思，每个国家都有自己的保留和疑虑。印度的保留在于担心南亚其他国家会利用区域合作集体联合对付自己；南亚其他国家的疑虑则主要集中在印度身上，担心与印度建立区域合作关系后会带来更严重的不对等关系，加重与印度之间不平衡的依存状态。南亚国家间的政治互信在此基础上逐渐缺失，这直接导致南亚各国的区域合作意识和合作意愿不再强烈，促使它们倾向于同域外国家或地区发展合作关系，从根本上分散了南亚区域合作的内聚力，导致其在发展中遭遇阻碍。

从上述南亚区域合作的影响因素中可以发现，这些问题的产生实际上都是行为体对外行为相互作用的具体结果。而影响南亚各国对外行为的背景性因素主要来自于两个方面，一方面是南亚不对称区域权力结构，另一方面则是印度的地区国家身份。

以印度为中心的区域权力结构是南亚最主要的地区特征。自从独立于英国的殖民统治以后，印度一直在进行国家身份的认知与定位。为确保国家安全，印度坚持追求地区国家身份和地区中心地位。地区国家身份使印度产生了新的国家利益与国家意志，它驱使印度做出满足其国家利益的对外行为。印度曾在推动"不结盟"运动中扮演过重要角色，其驱动力主要来自于印度想要摆脱殖民主义和帝国主义，实现民族的独立自主，以及获得在南亚的独立领导地位。经过国家身份的自我认知，印度强化了其在南亚的地区中心地位。

印巴矛盾是南亚区域合作难以推进的深刻原因。在区域权力结构不对称条件下，印度与巴基斯坦间形成了不对等关注，巴基斯坦对印度的地区国家身份出现了认知偏差。印度对巴基斯坦国家利益的忽视引发了巴基斯坦的不满情绪，由此产生的矛盾与冲突阻碍着南亚区域合作的发展。

对于南亚其他国家来讲，印度地区国家身份的影响力是巨大的。南亚地区脆弱的和平与频繁的冲突源于印度地区国家身份下的对外行为与决策。这些国家试图通过制度建设制约印度在南亚地区的身份建构及其权力的扩大，以寻求在区域组织内获得与印度在国家身份上的一种象征性平衡。1977年孟加拉国正式提出成立南盟的倡议，其主要目的就在于联合南亚其他国家的力量以制衡印度的地区强权。以制衡为目的的合作使区域组织内充斥着怀疑的政治氛围，从这个角度也可以解释为何南盟发展如此缓慢。

尽管如此，印度仍愿意参与南盟的建设，原因在于印度的地区国家身份不能仅停留在自我认知层面，它更需要他者对其国家身份的认知与之相同步。积极参与南亚区域合作有助于印度获取南亚其他国家对其地区国家身份的区域认同。这种认同既包括对其国家实力的承认，也包括对其区域主导力的认可。

但由于印度在南亚形成了地区国家身份的自我认知，导致其国家对外行为常常带有地区强权色彩。在与南亚邻国的交往中，印度的地区强权会对其南亚邻国产生威慑力，由此造成两者在地区层面上形成对安全需求的不对称性。而松散脆弱的南盟机制对印度的地区国家身份缺乏约束力，即使南亚其他国家对集体安全和区域经济合作充满渴望和需求，但其安全诉求却无法在南盟框架下得到满足。由于缺乏必要的安全基础，特别是以印巴冲突为主的印度与南亚其他国家间矛盾的不断升级与激化严重影响着南盟的发展与运行，导致南盟自成立以后便呈现"高开低走"缓慢滞后的发展态势。其中，南盟首脑会议运行不畅、合作项目推进缓慢以及"议而不决"现象严重是南亚区域合作发展缓慢的主要表现。

总结起来，造成南亚区域合作发展缓慢的影响因素主要存在于三个方面：第一，南亚国家间关系中的矛盾与失衡，其突出表现在印度与南亚其他国家间存在不同程度的不对等关系；第二，制度性因素的缺失，主要是指印度的制度供给能力不足与南亚各国间制度化联系程度较低；第三，南亚国家间缺乏合作意识和信任基础的动力不足。

这些影响因素产生的根源主要在于南亚不对称的区域权力结构和印度的国家身份。不对称区域权力结构导致印度与南亚其他国家之间形成相互博弈的国家身份，而两种国家身份对自我和他者认知存在偏差，导致双方出现错位认知，从而产生不对等关注。即弱国过度关注强国的国家行为，而强国忽视弱国的国家利益。这种不对等关注是错误身份认知的一种表现。一方面使印度忽视南亚其他国家利益而引发其他国家不满情绪，导致南亚地区安全困境突显；另一方面使南亚其他国家担忧印度地区国家身份但又被迫依赖印度以求发展，造成南亚各国安全需求不对称。由此，在南亚不对称区域权力结构下，南亚各国包括印度在内对印度国家身份的认知是影响南亚区域合作发展进程的关键动因，各国在国家身份认知中出现的失误与偏差导致了南亚区域一体化发展程度较低问题的出现。

尽管南亚区域主义存在内生需求，但不对称区域权力结构和印度的地区国家身份的深刻影响仍然导致南亚区域合作推进受阻。南亚不对称区域权力结构将以印度为中心而继续保持稳定，印度对自身地区国家身份的认知也在继续加深着其地区强权。理性认知南亚地区权力特点，改善国家身份认知偏差，尊重彼此国家身份是南亚国家共同推进区域合作的关键所在。对中国来讲，研究与把握印度国家身份认知的根源与现状对中国开展南亚外交具有重要现实意义，对中国发展与南亚国家间关系起着关键指引作用。

参考文献

一、中文文献

（一）中文著作

[1][加]阿米塔·阿查亚著，袁正清、肖莹莹译：《美国世界秩序的终结》，上海人民出版社2016年版。

[2][英]爱德华·卢斯著，张淑芳译：《不顾诸神：现代印度的奇怪崛起》，中信出版社2007年版。

[3][英]巴瑞·布赞、[丹]奥利·维夫著，潘忠岐等译：《地区安全复合体与国际安全结构》，上海世纪出版集团2009年版。

[4][美]彼得·卡赞斯坦著，秦亚青、魏玲译：《地区构成的世界：美国帝权中的亚洲和欧洲》，北京大学出版社2007年版。

[5][美]彼得·卡赞斯坦等编，秦亚青等译：《世界政治理论的探索与争鸣》，上海世纪出版集团2006年版。

[6][英]赫德利·布尔著，张小明译：《无政府社会——世界政治秩序研究》，世界知识出版社2003年版。

［7］［美］卡尔·多伊奇著，周启朋等译：《国际关系分析》，世界知识出版社1992年版。

［8］［德］卡尔·皮尔尼著，陈黎译：《印度中国如何改变世界》，国际文化出版公司2008年版。

［9］［印度］拉贾·莫汉著，朱翠萍、杨怡爽译：《莫迪的世界：扩大印度的势力范围》，社会科学文献出版社2016年版。

［10］［美］罗伯特·基欧汉、约瑟夫·奈著，门洪华译：《权力与相互依赖》（第四版），北京大学出版社2012年版。

［11］［美］罗伯特·杰维斯著，秦亚青译：《国际政治中的知觉与错误知觉》，上海人民出版社2015年版。

［12］［美］尼古拉斯·格林伍德·奥努夫著，孙吉胜译：《我们建构的世界：社会理论与国际关系中的规则与统治》，上海人民出版社2017年版。

［13］［美］斯蒂芬·科亨著，刘满贵等译：《大象和孔雀：解读印度大战略》，新华出版社2002年版。

［14］［印度］泰戈尔著，白开元译：《泰戈尔笔下的印度》，中央编译出版社2015年版。

［15］［美］亚历山大·温特著，秦亚青译：《国际政治的社会理论》，上海人民出版社2014年版。

［16］陈峰君、祁建华主编：《新地区主义与东亚合作》，中国经济出版社2007年版。

［17］陈勇：《新区域主义与东亚经济一体化》，社会科学文献出版社2006年版。

［18］陈继东、晏世经等：《巴基斯坦对外关系研究》，巴蜀书社2017年版。

［19］陈继东、晏世经：《南亚区域合作发展前景研究》，巴蜀

书社 2018 年版。

［20］耿协峰：《新地区主义与亚太地区结构变动》，北京大学出版社 2003 年版。

［21］胡志勇：《21 世纪初期南亚国际关系研究》，上海社会科学院出版社 2013 年版。

［22］胡志勇：《冷战时期南亚国际关系》，新华出版社 2009 年版。

［23］胡志勇：《文明的力量：印度崛起》，新华出版社 2006 年版。

［24］林太：《印度通史》，上海社会科学院出版社 2007 年版。

［25］卢光盛：《地区主义与东盟经济合作》，上海辞书出版社 2008 年版。

［26］马孆：《区域主义与发展中国家》，中国社会科学出版社 2002 年版。

［27］秦亚青：《权力·制度·文化：国际关系理论与方法研究文集》，北京大学出版社 2016 年版。

［28］宋玉华等：《开放的地区主义与亚太经济合作组织》，商务印书馆 2001 年版。

［29］谭中主编：《中印大同：理想与实现》，宁夏人民出版社 2007 年版。

［30］王联等编著：《南亚上空的蘑菇云——印巴核试验前前后后》，新华出版社 1998 年版。

［31］韦民：《民族主义与地区主义的互动：东盟研究新视角》，北京大学出版社 2004 年版。

［32］韦民：《小国与国际安全》，北京大学出版社 2016 年版。

［33］韦民：《小国与国际关系》，北京大学出版社 2014 年版。

[34] 魏玲：《规范、网络化与地区主义：第二轨道进程研究》，上海人民出版社2010年版。

[35] 肖欢容：《地区主义：理论的历史演进》，北京广播学院出版社2003年版。

[36] 肖欢容主编：《国际关系学在中国》，中国传媒大学出版社2005年版。

[37] 邢瑞磊：《比较地区主义：概念与理论演化》，中国政法大学出版社2014年版。

[38] 徐秀军：《地区主义与地区秩序：以南太平洋地区为例》，社会科学文献出版社2013年版。

[39] 杨虹：《新地区主义：中国与东亚共同发展》，中国社会科学出版社2011年版。

[40] 云南省历史研究所编：《巴基斯坦》，云南省历史研究所1980年版。

[41] 张敏秋主编：《中印关系研究：1947～2003》，北京大学出版社2004年版。

[42] 张云：《东南亚区域治理：理论、实践与比较》，上海人民出版社2023年版。

[43] 张忠祥：《尼赫鲁外交研究》，中国社会科学出版社2002年版。

[44] 赵伯乐主编：《当代南亚国际关系》，中国社会科学出版社2003年版。

[45] 赵干城：《中印关系：现状·趋势·应对》，时事出版社2014年版。

[46] 郑瑞祥主编：《印度的崛起与中印关系》，当代世界出版社2006年版。

［47］郑先武：《区域间主义治理模式》，社会科学文献出版社2014年版。

［48］朱在明、唐明超、宋旭如编著：《当代不丹》，四川人民出版社1999年版。

（二）中文期刊

［49］［加］阿米塔夫·阿齐亚：《地区主义和即将出现的世界秩序：主权、自治权、地区特性》，《世界经济与政治》2000年第2期。

［50］蔡拓：《全球主义与国家主义》，《中国社会科学》2000年第3期。

［51］曹峰毓、王涛：《论南亚区域能源合作的现状及挑战》，《南亚研究季刊》2015年第4期。

［52］曹峰毓、王涛：《南亚区域安全合作的进展及挑战》，《印度洋经济体研究》2016年第3期。

［53］曹峰毓、王涛：《南亚区域合作的历程、成效及挑战》，《太平洋学报》2017年第10期。

［54］陈小萍：《印巴恢复和平进程：动因与制约》，《南亚研究季刊》2010年第4期。

［55］陈拯：《身份追求与规范建设——"边缘大国"改造国际人权规范的动机研究》，《世界经济与政治》2013年第5期。

［56］甘均先：《国家身份与国际安全》，《浙江大学学报（人文社会科学版）》2011年第3期。

［57］关培凤、胡翊：《当前莫迪政府对华政策及中印关系发展前景》，《现代国际关系》2019年第2期。

［58］贺先青、林勇新：《国家多重身份与对外行为——以印

度参与"印太战略"为例》,《国际论坛》2019年第4期。

[59] 贺雪瑞:《南亚地区主义与中国西南战略分析》,《云南社会主义学院学报》2012年第5期。

[60] 姜鹏、李书剑:《虚幻的不相容与想象的安全困境——权力转移进程中敌意身份的互主性建构》,《国际安全研究》2017年第1期。

[61] 康欣:《地位认知、权力结构与国际冲突》,《世界经济与政治》2012年第2期。

[62] 李峰:《国家身份如何塑造区域认同——以东南亚的区域大国"身份地位化"为例》,《南洋问题研究》2018年第2期。

[63] 李慧明:《国际关系中的国家身份》,《学术论坛》2007年第12期。

[64] 林民旺:《沃马克的结构性错误知觉理论研究》,《国际政治研究》2009年第2期。

[65] 林民旺:《印度对"一带一路"的认知及中国的政策选择》,《世界经济与政治》2015年第5期。

[66] 林民旺:《印度与周边互联互通的进展及战略诉求》,《现代国际关系》2019年第4期。

[67] 刘津坤:《印巴关系缓和初析》,《国际问题研究》2004年第2期。

[68] 柳思思:《身份认知与不对称冲突》,《世界经济与政治》2011年第2期。

[69] 卢光盛:《国际关系理论中的地区主义》,《东南亚研究》2005年第4期。

[70] 卢静:《全球治理:地区主义与其治理的视角》,《教学与研究》2008年第4期。

[71] 马嬺：《印度与南亚区域合作联盟关系的演变》，《南亚研究》2006 年第 1 期。

[72] 门洪华：《国家主义、地区主义与全球主义——兼论中国大战略的谋划》，《开放导报》2005 年第 3 期。

[73] 庞中英：《地区化、地区性与地区主义——论东亚地区主义》，《世界经济与政治》2003 年第 11 期。

[74] 庞中英、彭萍萍：《关于地区主义的若干问题》，《当代世界与社会主义》2006 年第 1 期。

[75] 秦亚青：《国家身份、战略文化和安全利益——关于中国与国际社会关系的三个假设》，《世界经济与政治》2003 年第 1 期。

[76] 任晓：《中国与亚洲地区主义》，《东南亚纵横》2008 年第 11 期。

[77] 韦民：《全球化与地区主义》，《国际政治研究》2003 年第 4 期。

[78] 韦民：《小国概念：争论与选择》，《国际政治研究》2014 年第 1 期。

[79] 信强、倪世雄：《行为体"身份"与对外政策：美台关系的建构主义分析》，《世界经济与政治》2006 年第 1 期。

[80] 孙建波：《南亚区域合作联盟的历史与未来》，《南亚研究季刊》2003 年第 1 期。

[81] 孙培钧、华碧云：《南亚区域合作的新进展》，《南亚研究》2003 年第 2 期。

[82] 孙溯源：《集体认同与国际政治——一种文化视角》，《现代国际关系》2003 年第 1 期。

[83] 涂波、张元、宗蔚：《印度对"一带一路"倡议的对冲

战略发展变化》,《南亚研究季刊》2018年第2期。

[84] 汪长明:《南亚地区合作现状》,《国际资料信息》2009年第12期。

[85] 王宏纬:《80年代的南亚区域合作》,《南亚研究》1991年第1期。

[86] 王宏纬:《90年代南亚区域合作》,《南亚研究》1991年第2期。

[87] 王庆忠:《冷战后的中国—东盟关系探析:身份政治的视角》,《南洋问题研究》2014年第2期。

[88] 王伟华:《地区主义与南亚区域合作》,《南亚研究季刊》2003年第4期。

[89] 王学玉:《论地区主义及其对国际关系的影响》,《现代国际关系》2002年第8期。

[90] 王学玉:《新地区主义——在国家和全球化之间架起桥梁》,《世界经济与政治》2004年第1期。

[91] 王志:《比较地区主义:理论进展与挑战》,《国际论坛》2017年第6期。

[92] 魏玲:《地区构成的世界——卡赞斯坦的地区主义理论》,《外交评论》2006年第3期。

[93] 吴志成、李敏:《亚洲地区主义的特点及其成因:一种比较分析》,《国际论坛》2003年第6期。

[94] 向元钧:《南亚区域经济合作的历程及其特点》,《南亚研究季刊》1991年第4期。

[95] 肖欢容:《地区主义及其当代发展》,《世界经济与政治》2000年第2期。

[96] 肖欢容:《地区主义理论的新进展》,《世界经济与政

治》2003 年第 4 期。

［97］肖欢容：《新地区主义的特点与成因》，《东南亚研究》2003 年第 1 期。

［98］肖欢容：《中国的大国责任与地区主义战略》，《世界经济与政治》2003 年第 1 期。

［99］徐菲、张春和、谢琨：《"一带一路"倡议下中国—南亚区域合作：发展、困境与转向》，《南亚研究季刊》2018 年第 1 期。

［100］徐秀军：《地区主义与地区秩序构建：一种分析框架》，《当代亚太》2010 年第 2 期。

［101］徐秀军：《发展中国家地区主义的政治经济学——以南太平洋地区为例》，《世界经济与政治》2011 年第 3 期。

［102］许娟、王崇理：《中国面向西南开放的地区主义战略分析》，《东南亚南亚研究》2010 年第 4 期。

［103］杨翠柏：《南亚区域经贸合作的现状与前景》，《当代亚太》1997 年第 4 期。

［104］杨思灵：《中国—南盟地区主义：建构及挑战》，《南亚研究季刊》2014 年第 4 期。

［105］叶海林：《"强势政府"心态下的印度对华政策》，《印度洋经济体研究》2015 年第 3 期。

［106］张贵洪：《中国与南亚地区主义：以南亚区域合作联盟为例》，《南亚研究》2008 年第 2 期。

［107］张立、王学人：《从地区主义视角看孟中印缅经济走廊建设》，《南亚研究》2017 年第 3 期。

［108］张敏秋：《南亚区域合作联盟——一个步履蹒跚的区域合作组织》，《国际政治研究》1998 年第 4 期。

[109] 赵思洋：《周边需求的视角：古代东亚体系中的区域公共产品》，《当代亚太》2019年第2期。

[110] 曾向红：《国际关系中的蔑视与反抗——国家身份类型与承认斗争策略》，《世界经济与政治》2015年第5期。

[111] 郑经言：《南盟与东盟的区域合作比较浅议》，《南亚研究》1987年第2期。

[112] 郑瑞祥：《南亚区域合作的回顾与展望》，《国际问题研究》1986年第2期。

[113] 朱翠萍、科林·弗林特：《"安全困境"与印度对华战略逻辑》，《当代亚太》2019年第6期。

[114] 邹应猛、龚贤周：《"印太"语境下印度的印度洋战略及其地缘政治影响》，《世界经济与政治论坛》2019年第4期。

二、英文文献

（一）英文著作

[115] Alice D. Ba, (Re) Negotiating East and Southeast Asia Region, Regionalism and the Association of Southeast Asian Nations, California: Stanford University Press, 2009.

[116] Amita Batra, Regional Economic Integration in South Asia: Trapped in Conflict?, London and New York: Routledge, 2013.

[117] Amitav Acharya, "India's 'Look East' Policy", in D. M. Malone, C. Raja Mohan, S. Raghavan eds., The Oxford Handbook of Indian Foreign Policy, Oxford: Oxford University Press, 2015.

[118] Andrew Hurrell, "Regionalism in Theoretical Perspective", in Louise Fawcett and Andrew Hurrell eds., Regionalism in World Politics, Oxford: Oxford University Press, 1995.

[119] Ashutosh Kumar, Rethinking State Politics in India: Regions within Regions, London: Routledge, 2011.

[120] Brantly Womack, China and Vietnam: The Politics of Asymmetry, New York: Cambridge University Press, 2006.

[121] Bruce M. Russett, International Regions and the International System: A Study in Political Ecology, Chicago: Rand &Mcnally& Company, 1967.

[122] Cameron G. Thies, Mark David Nieman, Rising Powers and Foreign Policy Revisionism: Understanding BRICS Identity and Behavior Through Time, Ann Arbor: University of Michigan Press, 2018.

[123] Christopher B. Roberts, ASEAN Regionalism: Cooperation, Values and Institutionalization, London: Routledge, 2012.

[124] David A. Lake, Patrick M. Morgan, eds., Regional Orders: Building Security in a New World, Pennsylvania: The Pennsylvania State University, 1997.

[125] Friedman E., Gilley B., Asia's Giants: Comparing China and India, New York: Palgrave Macmillan, 2005.

[126] Helge Hveem, "Explaining the Regional Phenomenon in an Era of Globalization", in Richard Stubbs and Geoffey R. D. Underhill eds., Political Economy and the Changing Global Order, Oxford: Oxford University Press, 2000.

[127] Imtiaz Ahmed, South Asian Rivers: A Framework for Cooperation, Switzerland: Springer International Publishing, 2018.

[128] Joseph Nye, International Regionalism, Boston: Little, Brown & Co, 1968.

[129] Kishore C. Dash, Regionalism in South Asia Negotiating Cooperation, Institutional Structures, London and New York: Routledge, 2008.

[130] L. Alan Winters, Shahid Yusuf, Dancing with Giants: China, India, And the Global Economy, Washington: The World Bank, Singapore: The Institute of Policy Studies, 2007.

[131] Louise Fawcett, "Regionalism in Historical Perspective", in Louise Fawcett and Andrew Hurrell eds., Regionalism in World Politics, Oxford: Oxford University Press, 1995.

[132] Margaret Harvey, Regions and Regionalism in History, Suffolk: Boydell Press, 2006.

[133] MarkBeeson, Regionalism and Globalization in East Asia: Politics, Security and Economic Development, New York: Palgrave Macmillan, 2007.

[134] Mark Beeson, Richard Stubbs, Routledge Handbook of Asian Regionalism, London: Routledge, 2012.

[135] Mary Farrell, Bjorn Hettne, Luk van Langenhove, Global Politics of Regionalism: Theory and Practice, London: Pluto Press, 2005.

[136] Nawal K. Paswan, Agricultural Trade in South Asia: Potential and Policy Options, New Delhi: Efficient Offset Printers, 2003.

[137] Nicholas Thomas, Governance and Regionalism in Asia, London: Routledge, 2011.

[138] Norman D. Palmer, The New Regionalism in Asia and the

Pacific, Lexington: Lexington Books, 1991.

[139] P. Tepekrovi Kiso, India's Foreign Policy towards South Asia: Relevance of North East India, New Delhi: YS Books International, 2014.

[140] Paramita Mukherjee, Arnab K. Deb, Miao Pang, China and India: History, Culture, Cooperation and Competition, California: SAGE Publications, 2016.

[141] Rajesh Basrur, "India: A Major Power in the Making", in Thomas J. Volgy, Renato Corbetta, Keith A. Grant, Ryan G. Baird eds. , Major Powers and the Quest for Status in International Politics, New York: Palgrave Macmillan, 2011.

[142] Robert F. Gorman, Great Debates at the United Nations: An Encyclopedia of Fifty Key Issues 1945 – 2000, Westport: Greenwood Publishing Group, 2001.

[143] Samuel P. Huntington, The Clash of Civilizations and the Remaking of World Order, New York: Simon & Schuster, 1996.

[144] Sandra Destradi, Indian Foreign and Security Policy in South Asia: Regional Power Strategies, London: Routledge, 2012.

[145] Stephen Aris, Eurasian Regionalism: The Shanghai Cooperation Organisation, New York: Palgrave Macmillan, 2011.

[146] Stephen Merrill, David Nelson, Robert Poole, The Dragon and the Elephant: Understanding the Development of Innovation Capacity in China and India: Summary of a Conference, Washington: The National Academies Press, 2010.

[147] Sugata Bose, Ayesha Jalal, Modern South Asia: History, Culture, Political Economy, London & New York: Routledge, 1998.

[148] Sumit Ganguly, India as an Emerging Power, London and Portland: Frank Cass, 2003.

[149] Sushil Mittal, Gene Thursby, Religions of South Asia: An Introduction, London & New York: Routledge, 2006.

[150] Thomas J. Volgy, Renato Corbetta, Keith A. Grant, Ryan G. Baird, eds., Major Powers and the Quest for Status in International Politics, New York: Palgrave Macmillan, 2011.

[151] Vasudha Dalmia, Rashmi Sadana, The Cambridge Companion to Modern Indian Culture, Cambridge: Cambridge University Press, 2012.

（二）英文期刊

[152] Ahmad Nawaz, Qayum Asima, Iqbal Asim, "Evolving Patterns and Empirical Distribution of Normalized Revealed Comparative Advantage: A SAARC Countries Analysis", Journal of Applied Economics & Business Research, Vol. 7, No. 1, 2017.

[153] Aqil S. Shah, "Non-Official Dialogue between India and Pakistan: Prospects and Problems", ACDIS Occasional Paper, 1997.

[154] Ashraf Tahir, Nasrudin Md, Akhir Md, "Revisiting SAARC: A Perspective from Pakistan", South Asian Studies, Vol. 32, No. 2, 2017.

[155] Barry Buzan, "The South Asian Security Complex in a Decentring World Order: Reconsidering Regions and Powers Ten Years On", International Studies, Vol. 48, No. 1, 2011.

[156] Basu Soumita, "South Asian Peacekeeping: Regional Possibilities", Round Table, Vol. 106, No. 1, 2017.

[157] Carla P. Freeman, "China's 'Regionalism Foreign Policy' and China-India Relations in South Asia", Contemporary Politics, Vol. 24, No. 1, 2018.

[158] Carolyn C. James, Özgür Özdamar, "Religion as a Factor in Ethnic Conflict: Kashmir and Indian Foreign Policy", Terrorism and Political Violence, Vol. 17, No. 3, 2005.

[159] Cecilia Tortajada, Udisha Saklani, "Hydropower-based Collaboration in South Asia: The Case of India and Bhutan", Energy Policy, Vol. 117, 2018.

[160] Christian Wagner and Siddharth Tripathi, "New Connectivity in the Bay of Bengal", SWP Comment, No. 53, 2018.

[161] Christian Wagner, "From Hard Power to Soft Power? Ideas, Interaction, Institutions and Images in India's South Asia Policy", Heidelberg Papers in South Asian and Comparative Politics, No. 26, 2005.

[162] Christian Wagner, "Rethinking South Asia: Scenarios for a Changing Geopolitical Landscape", SWP Comments, August 2017.

[163] Christian Wagner, Siddharth Tripathi, "India's Response to the Chinese Belt and Road Initiative: New Partners and New Formats", SWP Comment, January 2018.

[164] Dhananjay Tripathi, "Influence of Borders on Bilateral Ties in South Asia: A Study of Contemporary India-Nepal Relations", International Studies, Vol. 56, No. 2-3, 2019.

[165] Diana Panke, Sören Stapel, "Exploring Overlapping Regionalism", Journal of International Relations and Development, Vol. 21, No. 3, 2018.

[166] Faizal Yahya, "BIMSTEC and Emerging Patterns of Asian Regional and Interregional Cooperation", Australian Journal of Political Science, Vol. 40, No. 3, 2005.

[167] Farzana Shakoor, Mutahir Ahmed, "Pakistan's Foreign Policy: Quarterly Survey: July to September 1992", Pakistan Horizon, Vol. 45, No. 4, 1992.

[168] Farooq Arshad, Lubna Abid Ali, "Regionalism in South Asia and Role of SAARC", Pakistan Journal of History & Culture, Vol. 38, No. 1, 2017.

[169] Forhad, Md. Abdur Rahman, "How Many Currencies in SAARC Countries? A Multivariate Structural Var Approach", Journal of Developing Areas, Vol. 48, No. 4, 2014.

[170] Haftel, Yoram Z., Hofmann, Stephanie C., "Institutional Authority and Security Cooperation Within Regional Economic Organizations", Journal of Peace Research, Vol. 54, No. 4, 2017.

[171] Haider A. Khan, Zulfiqar Larik, "Globalization and Regional Co-operation in South Asia: A Political and Social Economy Approach", CIRJE Discussion Papers, 2007.

[172] Heather Whiteside, "Canada's Reluctant Acceptance of the Colombo Plan for Co-operative Economic Development in South and Southeast Asia", Waterloo Historical Review, Vol. 7, 2015.

[173] Jayanthakumaran Kankesu, Lee Shao Wei, "Evidence on the Convergence of Per Capita Income: A Comparison of Founder Members of the Association of South East Asian Nations and the South Asian Association of Regional Cooperation", Pacific Economic Review, Vol. 18, No. 1, 2013.

[174] K M. De Silva, "The European Community and ASEAN: Lessons for SAARC", South Asian Survey, Vol. 6, No. 2, 1999.

[175] Kanwal Sibal, "India's Relations with its Neighbours", India Quarterly, Vol. 65, No. 4, 2009.

[176] Kashif Muhammad, "Comparison of Equity Markets of SAARC Nations with the Equity Markets European Union Nations", South Asian Journal of Management Sciences, Vol. 9, No. 1, 2015.

[177] Khan Muhammad Rashid, Cheema Mussarat Javed, Siddiqui Sair, "Regional Co-operation Among SAARC States: An Assessment of the Integrated Program of Action", South Asian Studies, Vol. 31, No. 2, 2016.

[178] Khan Saleem M., "South Asian Association for Regional Cooperation", Journal of Asian Economics, Vol. 10, No. 3, 1999.

[179] Khan, Ahmad Raza, "Impediments to the Success of SAARC", South Asian Studies, Vol. 30, No. 1, 2015.

[180] Kripa Sridharan, "Regional Organisations and Conflict Management: Comparing ASEAN and SAARC, in LSE Development Studies Institute", Crisis States Working Paper Series, No. 2, 2008.

[181] Kumar Sanjeev, "Emerging Trends and Patterns of Trade: An Economic Analysis of SAARC", Journal of International Economics, Vol. 4, No. 1, 2013.

[182] Madhavi Bhasin, "India's Role in South Asia-Perceived Hegemony or Reluctant Leadership?", Indian Foreign Affairs Journal, Vol. 88, No. 4, 2008.

[183] Man Mohini Kaul, "Regional Groupings: An Overview of BIMSTEC and MGC", South Asian Survey, Vol. 13, No. 2, 2006.

[184] Manzoor Ahmad, "SAARC Summits 1985 – 2016: The Cancellation Phenomenon", IPRI Journal, Vol. 17, No. 1, 2017.

[185] Mohamad Faisol Keling, Hishamudin Md. Som, Mohamad Nasir Saludin, et al. , "The Development of ASEAN from Historical Approach", Asian Social Science, Vol. 7, No. 7, 2011.

[186] Mohammed Ayoob, "India as Regional Hegemon: External Opportunities and Internal Constraints", International Journal, Vol. 46, No. 3, 1991.

[187] Mohd Aminul Karim, Faria Islam, "Bangladesh-China-India-Myanmar (BCIM) Economic Corridor: Challenges and Prospects", The Korean Journal of Defense Analysis, Vol. 30, No. 2, 2018.

[188] Mohd Nayyer Rahman, Harpal S. Grewal, "Foreign Ddirect Investment and International Trade in BIMSTEC: Panel Causality Analysis", Transnational Corporations Review, Vol. 9, No. 2, 2017.

[189] Muhammad Jamshed Iqbal, "SAARC: Origin, Growth, Potential and Achievements", Pakistan Journal of History & Culture, Vol. 27, No. 2, 2006.

[190] Muhammad Umer Khan, "Prospects for Cooperation on Tackling Nuclear and Radiological Terrorism in South Asia: India-Pakistan Nuclear Detection Architecture", International Journal of Nuclear Security, Vol. 2, No. 3, 2016.

[191] Mukherjee Kunal, "The South Asian Association for Regional Cooperation: Problems and Prospects", Progress in Development Studies, Vol. 14, No. 4, 2014.

[192] N. Manoharan, Madhumati Deshpande, "Fishing in the Troubled Waters: Fishermen Issue in India-Sri Lanka Relations", India

Quarterly, Vol. 74, No. 1, 2018.

[193] Naazer Manzoor Ahmad, "SAARC Summit Diplomacy and Its Impact on Indo-Pakistan Relations (1985 – 2014)", FWU Journal of Social Sciences, Vol. 12, No. 1, 2018.

[194] Naseer Rizwan, Amin Musarat, "Sino-Pakistan Maneuvering to Balance the Power in South Asia", South Asian Studies, Vol. 30, No. 2, 2015.

[195] Pani Narendar, "Experiential Regionalism and Political Processes in South India", India Review, Vol. 16, No. 3, 2017.

[196] Paranjpe Shrikant, "Development of Order in South Asia: Towards a South Asian Association for Regional Cooperation Parliament", Contemporary South Asia, Vol. 11, No. 3, 2002.

[197] Peter Robinson, "Patterns of Economic Cooperation in South Asia", Round Table, No. 287, 1983.

[198] Ranjit Singh Ghuman, Davinder Kumar Madaan, "Indo-Pakistan Trade Cooperation and SAARC", Peace and Democracy in South Asia, Vol. 2, No. 1 & 2, 2006.

[199] Ravinthirakumaran Navaratnam, Selvanathan Saroja, Selvanathan Eliyathamby A., "The Twin Deficits Hypothesis in the SAARC Countries: An Empirical Investigation", Journal of the Asia Pacific Economy, Vol. 21, No. 1, 2016.

[200] Robert E. Kelly, "Security Theory in the 'New Regionalism'", International Studies Review, Vol. 9, No. 2, 2007.

[201] Robert Stewart-Ingersoll, Derrick Frazier, "India as a Regional Power: Identifying the Impact of Roles and Foreign Policy Orientation on the South Asian Security Order", Asian Security, Vol. 6,

No. 1, 2010.

[202] Roy-Chaudhury Rahul, "India's Perspective towards China in Their Shared South Asian Neighbourhood: Cooperation Versus Competition", Contemporary Politics, Vol. 24, No. 1, 2018.

[203] Sahoo Manoranjan, BABU M. Suresh, DASH Umakant, "Current Account Sustainability in SAARC Economies: Evidence from Combined Cointegration Approach", Theoretical & Applied Economics, Vol. 23, No. 4, 2016.

[204] Saman Kelegama, "Bangkok Agreement and BIMSTEC: Crawling Regional Economic Groupings in Asia", Journal of Asian Economics, Vol. 12, 2001.

[205] Seekkuwa Wasam Hirantha, "From SAPTA to SAFTA: Gravity Analysis of South Asian Free Trade", Paper presented at the European Trade Study Group (ETSG) Programme, 2004.

[206] Sehar Mushtaq, "Identity Conflict in Sri Lanka: A Case of Tamil Tigers", International Journal of Humanities and Social Science, Vol. 2, No. 15, 2012.

[207] Smruti S. Pattanaik, "Transforming Eastern South Asia: Relevance of BIMSTEC", Strategic Analysis, Vol. 42, No. 4, 2018.

[208] Srinivasan P., "Determinants of Foreign Direct Investment in SAARC Nations: An Econometric Investigation", IUP Journal of Managerial Economics, Vol. 9, No. 3, 2011.

[209] Subrata K. Mitra, "The Reluctant Hegemon: India's Self-Perception and the South Asian Strategic Environment", Contemporary South Asia, Vol. 12, No. 3, 2003.

[210] Vinayaraj V. K., "India as a Threat: Bangladeshi Percep-

tions", South Asian Survey, Vol. 16, No. 1, 2009.

(三) 英文博士学位论文

[211] Manzoor Ahmad, The Problems and Prospects of Regional Cooperation in South Asia: A Case Study of India's Role in South Asian Association for Regional Cooperation (SAARC), The Dissertation of International Islamic University, 2013.

[212] Shah Rukh Hashmi, Implications of Regional Asymmetry and Centrality on Peace and Cooperation: An Analysis of Dysfunctional Regionalism in South Asia (1985 – 2012), The Dissertation of Jilin University, 2016.

(四) 英文电子资料

[213] Antara Ghosal Singh, "China's 'South Asia Challenge' for the Belt and Road Initiative", Lowy Institute, Mar. 15, 2019, http://www.lowyinstitute.org/the-interpreter/china-south-asia-challenge-belt-and-road-initiative.

[214] Dipanjan Roy Chaudhury, "China Reaches Out to India for Joint Projects in South Asia", The Economic Times, Oct. 16, 2018, https://economictimes.indiatimes.com/news/politics-and-nation/china-reaches-out-to-india-for-joint-projects-in-south-asia/articleshow/66228489.cms.

[215] Dipanjan Roy Chaudhury, "SAARC has Problems, BIMSTEC Full of Energy, Says Jaishankar", The Economic Times, Jun. 7, 2019, https://economictimes.indiatimes.com/news/politics-and-nation/saarc-has-problems-bimstec-full-of-energy-says-jais-

hankar/articleshow/69684367. cms.

［216］Eleanor Albert, "Competition in the Indian Ocean", Council on Foreign Relations, May 19, 2016, https：//www. cfr. org/backgrounder/competition－indian－ocean.

［217］Geeta Mohan, "BIMSTEC Cannot Replace SAARC: Nepal's PM KP Sharma Oli", India Today, Jun. 1, 2019, https：//www. indiatoday. in/mail－today/story/bimstec－cannot－replace－saarc－nepal－s－pm－kp－sharma－oli－1539904－2019－06－01.

［218］Mandeep Singh, "BIMSTEC Nations Conduct First Military Exercise", Indo－Pacific Defense Forum, Oct. 18, 2018, http：//apdf－magazine. com/bimstec－nations－conduct－first－military－exercise/.

［219］Taponeel Mukherjee, "Financial Architecture as the Underpinning for BIMSTEC Policy", The Economic Times, Jul. 20, 2019, https：//economictimes. indiatimes. com/news/economy/policy/financial－architecture－as－the－underpinning－for－bimstec－policy/articleshow/70302882. cms.

［220］Shubhajit Roy, "Nepal's Withdrawal from BIMSTEC Exercise Shouldn't Affect Ties with India, Says PM Oli's Spokesperso", The Indian Express, Sep. 13, 2018, https：//indianexpress. com/article/india/nepal－bimstec－exercise－india－pm－kp－sharma－oli－5353452/.